图 1-1　产业数字化转型内涵

图 1-2　产业数字化转型的外延

图 2-1　2001～2018 年各生产要素对我国经济增长率的贡献分解

图 2-2　2001～2018 年各要素对我国劳动生产率的贡献分解

图 2-3　2001～2018 年各要素对我国 TFP 增长的贡献分解

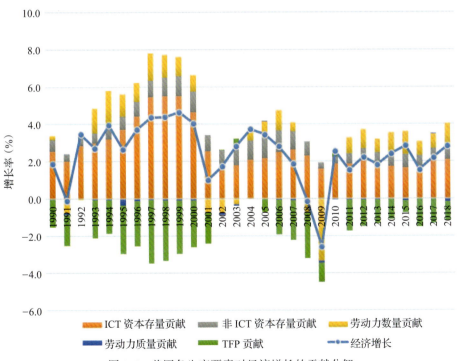

图 2-4　美国各生产要素对经济增长的贡献分解

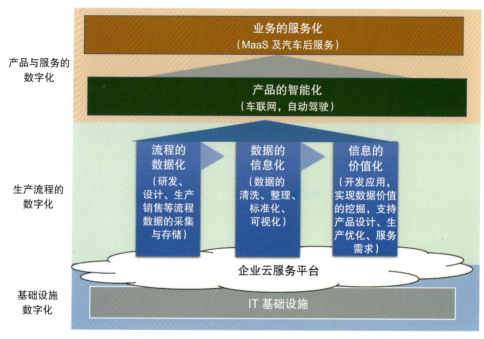

图 7-2 汽车产业数字化转型的主要路径

图 8-3 物流行业数字化转型路径图

产业数字化转型
战略与实践

Industrial
Digital Transformation
Strategy and Practice

中国科学院科技战略咨询研究院课题组——著

机械工业出版社
China Machine Press

图书在版编目（CIP）数据

产业数字化转型：战略与实践 / 中国科学院科技战略咨询研究院课题组著 . —北京：机械工业出版社，2020.5（2022.6 重印）

ISBN 978-7-111-65667-8

I. 产… II. 中… III. 产业结构升级 – 数字化 – 研究 – 中国 IV. F269.24

中国版本图书馆 CIP 数据核字（2020）第 085491 号

产业数字化转型：战略与实践

出版发行：机械工业出版社（北京市西城区百万庄大街 22 号 邮政编码：100037）	
责任编辑：赵亮宇	责任校对：李秋荣
印　　刷：中国电影出版社印刷厂	版　　次：2022 年 6 月第 1 版第 3 次印刷
开　　本：170mm×230mm 1/16	印　　张：13.25　　插　页：2
书　　号：ISBN 978-7-111-65667-8	定　　价：89.00 元

客服电话：(010) 88361066　88379833　68326294　　投稿热线：(010) 88379604
华章网站：www.hzbook.com　　　　　　　　　　　　读者信箱：hzjsj@hzbook.com

版权所有 • 侵权必究
封底无防伪标均为盗版

课题组指导顾问

张　凤　中国科学院科技战略咨询研究院副院长，研究员
吴海亮　戴尔科技集团全球副总裁，大中华区战略及业务拓展部总经理
周　兵　戴尔科技集团全球副总裁，大中华区政府事务部总经理
石　峰　戴尔科技集团全球副总裁，大中华区商用市场部总经理

课题组主要成员

王晓明　中国科学院科技战略咨询研究院研究员
吴　静　中国科学院科技战略咨询研究院研究员
刘昌新　中国科学院科技战略咨询研究院副研究员
朱永彬　中国科学院科技战略咨询研究院副研究员
孙　翊　中国科学院科技战略咨询研究院副研究员
薛俊波　中国科学院科技战略咨询研究院副研究员
田　园　中国科学院科技战略咨询研究院助理研究员
侯云仙　中国科学院科技战略咨询研究院高级分析师
鹿文亮　赛迪顾问股份有限公司高级分析师
鲁　鑫　赛迪顾问股份有限公司高级分析师

序一

抓住数字经济发展机遇
推进中国产业数字化转型升级

数字经济为全球经济注入新活力,日益成为经济增长的核心驱动力之一。数字经济涉及政府治理、产业转型、科技革新等多个维度。发展数字经济,既需要积极的产业实践,也需要扎实详尽的研究作为理论指导。中国科学院科技战略咨询研究院作为中国科学院开展国家高端智库试点的综合集成平台和重要载体,发挥多学科综合优势,开展科技战略、创新政策重大问题和基础理论方法研究,服务国家宏观决策,引领社会创新方向。在数字经济领域,从国家高端智库课题研究,到产业数字化实践研究,再到学术理论研究,中国科学院科技战略咨询研究院开展了多层次的、体系化的深入研究。"产业数字化转型的战略、政策和实践"研究就是其中一项重要工作。该研究工作于 2019 年启动,由中国科学院科技战略咨询研究院和戴尔科技集团联合开展,并组织了多家机构共同参与,是对产业数字化实践的理论思考。

产业数字化转型是数字经济的核心。在本书中选取了一部分典型产业,如汽车、物流、医疗等作为研究对象,开展实地调研,总结、分析当前产业数字化转型发展现状及主要问题;探究发展规律,凝练、归纳不同国家、不同行业数字化转型的模式和路径;进行定量分析,测算中国和美国的数字经济对 GDP 的贡献,构建了产业数字化转型的指数评价,提出了促进我国相关产业进行数字化转型的一系列具有决策参考价值的战略和政策建议。

本书中的研究是数字经济研究领域中的重要一环。产业数字化转型向上影响数字化的宏观经济形态和社会生活模式，向下涉及数字化基础设施配套建设。在新一轮科技革命的推动下，数字经济将引领一场深刻的经济社会数字化转型与变革。数字经济发展将促进社会经济的"物质流""能量流""信息流"的畅通与高度协调，表现为"人、机、物"的三元结合。本书中的研究是中国科学院科技战略咨询研究院在数字经济领域研究的一个开端，同时，它还具有很强的研究纵深，可拓展、可延续，值得进一步深化。

本书的写作得到了国内资深研究员、产业观察员以及产业实践者的大力支持，书中主要结论是在汇聚各方智慧、学识、洞察的基础上形成的。当然，这是一个全新的课题，相关的理论和实践都在快速地变化和发展中，希望本书能够抛砖引玉，为促进我国经济社会数字化转型起到建言献策、引发思考的积极作用。

中国科学院科技战略咨询

研究院院长、研究员

潘教峰

序二

产业数字化转型正当其时

"世界经济数字化转型是大势所趋。"近年来，随着5G、大数据、人工智能、物联网、云计算、区块链等新兴技术的迅猛发展，"数据"作为一种重要资产，愈发深刻地改变着我们的工作和生活方式。数字产业化、产业数字化已具有鲜明的时代特征，数字化转型成为促进经济可持续发展的内生力，也成为传统行业转型升级的新动能。

当前，中国经济发展保持稳定，尤其是数字经济发展正处于政策红利期，经济长期向好的基本趋势没有改变，开展广泛的产业数字化转型正当其时。5G、数据中心等"新基建"的进度加快，客观上也使得对数字化转型的需求更迫切。"新基建"的核心内涵就是，利用数字技术，推动数字经济发展。这里面既有新举措，也有对既有经济发展战略的延续：新举措体现在"新基建"包含了5G、人工智能、大数据等新技术，而且这些技术仍在不断发展、创新；既有经济发展战略延续则是指利用数字技术助力实体经济发展。戴尔科技集团近年来正在以"数字+"推动传统产业和实体经济发展的理念践行着数字化转型。

为了更好地推进产业数字化转型，在2018年《传统产业数字化转型的模式和路径》报告的基础上，戴尔科技集团再次与中国科学院科技战略咨询研究院合作开展研究，推出《产业数字化转型：战略与实践》一书。此书对中国产业数字化转型2.0战略、政策和实践进行了整体、系统、全面的研究，尤其是对近两年来的新变化及新趋势进行了深入分析和思考，提出了符合中国国情并兼具科学性和可操作性的发展思路、主要任务及政策建议。值得一提的是，此书站在战略高度，构建了一套新的产业数字化转型战略体系，并将数字化转型的研究触角从以往更常见的技术、经济模式等领域拓展到社会治理领域，更加关注在数字化转型过程中人和人类社会的重要性，对于当下中国产业的数字化转型具有指导和借鉴意义。

讲到数字化转型，我想自豪地说：戴尔科技集团不仅是业界完整的数字化转型解决方案提供商，也是数字化转型的实践者、受益者和前瞻者。过去几年，戴尔科技集团完成战略转型，从一家以 PC 为主要业务的厂商全方位蜕变为业界综合性 IT 解决方案提供商，提供从边缘计算、核心数据中心到云计算的一站式解决方案与服务，致力于以数字化助力企业加速 IT 转型、生产力转型、安全转型和应用转型，构建数字化未来。在这个过程中，我们看到数字化转型在世界范围，特别是中国也有加强的趋势。我们每两年发布一次戴尔科技集团数字化转型指数（Digital Transformation Index，DTI），对来自全球大中型企业的 4600 名决策者进行调研。通过该指数将企业的数字化转型进程分为 5 个类别：数字化领导者、数字化实践者、数字化评估者、数字化跟随者和数字化后进者。从 2018 年的指数可以看到：中国数字化转型后进者大幅减少，两年内从 33% 下降到 9%；实践者大大增加，从 2% 提升到 24%。整个社会对数字化转型的投入越来越多，对数字化转型给业务发展带来的好处越来越认可。

戴尔科技集团深耕中国市场 20 余年，始终不遗余力地推动数字化转型和信息化发展。尤其是 2015 年以来，我们推出戴尔中国 4.0 战略，到今天已经升级到"4.0+"阶段。我们始终坚决贯彻"在中国，为中国"的发展战略，将"数字+"理念充分融入本地 IT 生态系统，深度参与中国企业和社会的数字化转型。同时，我们结合数字化未来的全球洞察与中国数字化转型的实际需求，与中国科学院科技战略咨询研究院等相关机构合作，开展了多项研究，为构建开放、协同、融合的数字化生态体系提供了有力指导。作为数字化转型的使能者，戴尔科技集团建立并不断完善人工智能、智能制造、虚拟现实/增强现实和混合云四大本地生态系统，为不同行业的数字化转型提供解决方案。我们与中国 300 多家供应商合作，帮助制造企业提升智能制造水平；持续在医疗、教育等民生领域实践和投入，为多个医疗和教育领域客户提供实时监测、远程教育等解决方案；不断深化包括本地研发、制造在内的本地化发展。如今戴尔科技集团在中国拥有约 5000 名研发人员，他们研发、制造的很多产品和提出的解决方案，不仅满足了本地需要，更惠及全球发展。

数字化转型绝不等同于单纯的IT转型或数字化投入,也不仅仅是流程的数字化或信息化。我们今天所处的世界是一个由数字世界、物理世界及人构成的有机整体,数字化转型的目标,是利用IT技术打通数字和物理世界,从而创造更美好的未来和实现人类社会的可持续发展,也就是数字世界、物理世界与人"三位一体"的协同发展。数字和物理世界的和谐发展让我们的生活更美好、更便捷,让更多人公平地享受到科技进步红利,并不断激发和释放人类潜能;而人作为数字世界和物理世界的管理者,需要确保让机器"反映人性",并以"负责任和合乎道德"的方式发展。同时,打通数字世界和物理世界需要各层次人才,只有大力培养数字化人才,才能实现两个世界的协同发展并为其源源不断地注入活力。在这方面,戴尔科技集团不仅助力企业生产力及IT转型,以科技创新推动人类进步,还与国内数十家高校合作,分别签署共建人工智能、虚拟现实创客联合实验室及"教育部产学合作协同育人项目"等合作协议,共同培养下一代创新型人才及新一代实用型人才。此外,自2009年起,戴尔科技集团通过战略捐赠项目,已先后为中国欠发达地区的中小学捐赠了395个戴尔学习中心,支持中国青少年科技教育,受益青少年超过35万人。

　　最后,我谨代表戴尔科技集团,感谢中国科学院科技战略咨询研究院对编写工作的支持,也感谢课题组所有成员的不懈努力和艰辛付出。同时,包括戴尔科技集团客户和合作伙伴在内,众多相关企业、科研院所,以及相关领导、专家和研究人员都给予了支持、配合,并提出了宝贵的意见和建议;机械工业出版社也为此书顺利付梓提供了帮助,在此一并表达谢意。"数据时代下一个十年"的大幕已经开启,希望此书可以帮助更多人了解数字化转型,与更多人分享我们的经验,与我们共同携手,开拓通往数字化未来的无限可能。

戴尔科技集团全球执行副总裁

大中华区总裁

黄陈宏博士

前言

新一轮科技革命和产业变革背景下,以云计算、大数据、人工智能、区块链等为代表的新一代信息技术发展得如火如荼,以数字化、网络化、智能化为特征的信息化浪潮兴起,加速了信息技术与经济社会各领域、各行业的融合创新,推动全球进入数字经济新时代。为促进我国产业的数字化转型变革,在《传统产业数字化转型的模式和路径》研究报告(2018年发布)的基础上,在戴尔科技集团的支持下,中国科学院科技战略咨询研究院课题组从2019年6月开始了本书的写作工作,总结当前产业数字化转型发展现状及主要问题,站在战略高度,从发展规律出发,借鉴不同国家、不同行业数字化转型的模式和路径,提出一系列科学且操作性强的战略和指导政策,并给出具体实践。

本书分为总报告和专题报告,总报告对中国产业数字化转型的战略和政策进行了整体研究,专题报告则分别选取了汽车、物流和医疗三大行业领域进行了发展路径和模式研究。总报告又分为理论篇和实践篇,理论篇从产业数字化转型的内涵与外延、理论机理、战略理念、贡献测算、评价指标等方面入手,实践篇从产业数字化转型的国际经验、国内现状、发展思路、主要任务、政策建议等方面入手,对中国产业数字化转型2.0进行了深入、全面的研究。同时,本书也是课题组2018年发布的《传统产业数字化转型的模式和路径》的认知升级版,对一年多来中国产业数字化转型发展的阶段性变化及未来趋势提出了认识和系统的思考,期望能为国内产业数字化转型提供一些思路和建议。

本书体现的重要认识和结论如下：

产业数字化转型是借助新一代信息技术实现更高效的业务流程、更完善的客户体验、更广阔的价值创造的必然途径。本书构建了一套新的产业数字化转型战略体系，这是以"新基建"和发展数字经济的新的管理制度为基石，以"数字技术—新经济模式—新社会治理"为驱动力，最终实现未来产业发展模式的愿景，实现产业数字化转型的"2基—3力—1愿景"战略体系。产业数字化转型的核心特征包括：（1）数据成为新的生产要素；（2）消费者需求成为商业模式的新动力；（3）快速、敏捷、开放成为产业运行新常态；（4）"软件定义一切"成为产业价值创造的新抓手；（5）XaaS 成为产业数字化转型新范式。

现阶段，我国产业数字化转型对经济发展发挥了巨大作用。在宏观层面，经测算，2018 年我国 ICT 资本存量对经济增长率的贡献率为 63%，美国同期的贡献率为 74%；我国 ICT 资本存量对生产效率提升显著，对我国 TFP 增长的贡献率为 52%，高出非 ICT 资本 29% 的贡献率。在产业层面，本书从技术、经济、社会、"新基建"和数字经济新管理制度"4 大维度—13 项指标—9 项细分指标"的产业数字化转型能力评价指标体系，将产业数字化转型能力划分为"起步级—发展级—提速级—成熟级"4 个等级，并认为目前整体产业还处于从数字化转型 1.0 向 2.0 迈进的阶段。展望未来，产业数字化转型发展的愿景应是"未来产业"，包括未来制造、未来能源、未来交通、未来医疗、未来服务等。

我国数字化转型正处于政策红利期，数字经济正在成为中国经济高质量发展的重要引擎，产业数字化转型深入推进，细分领域已形成中国特色。但是，国内多数产业数字化转型还停留在单一的技术路径上，数字化核心关键技术能力不足，整体技术架构迭代落后于国外，对于新模式、新业态的创新不足；在人才、新型基础设施建设、数据治理等方面还存在较多短板。

未来要从技术赋能、经济模式变革、社会约束、"新基建"和数字经济新管理制度多方面构建产业数字化转型新体系，改变单一技术路径，实现数字世界、物理世界和人"三位一体"的统一。同时，基于中国国情，沿着具有中国特色的"企业（private）—平台（platform）—政府（public）"的新型 PPP 数字化转型路径发展，企业、政府和平台三方要充分发挥各自的作用，加快构建大中小企业开放、协同、融合发展的数字化生态格局。

技术发展方面，要继续秉承包容、合作理念，构建开放、开源的技术体系，加快布局云原生 IT 架构，鼓励多样化技术发展路线，重构管理组织方式；经济变革方面，鼓励平台经济，并推动组织、管理、运营、商业模式等变革，深入挖掘数字化转型带来的业务价值，持续推进新业态、新模式、新产品、新服务的创新，构建以用户为核心的全生命周期管理的经济管理和运行方式，并创新不同的商业模式；社会治理方面，构建人才数字素养和数字能力体系，探索新型人才培养模式，进一步提升数字治理水平，加强数据标准和安全体系建设，积极参与世界数字经济贸易规则制定；在新型基础设施和数字经济新管理制度方面，把握5G建设机遇，推动数字化基础设施建设进程，将传统基础设施的数字化改造作为重点之一，提供产权、制度经济学等基本制度保障，推动物理世界、数字世界和人的可持续发展。

同时，在指导政策方面，要强化顶层设计，加强组织保障；完善政策法规，培育良好环境；注重案例总结，加快示范推广；建设公共平台，推动协同合作；深化全球合作，提升国际影响，完善产业数字化转型的政策环境。

为完成本书，课题组实地走访了50余家企业和科研院所，并以汽车、物流和医疗三大行业作为典型代表，分析产业数字化转型的具体模式和路径。涉及的企业有以下几类：一是数字化转型方案供应商，包括Pivotal、VMware、达索、西门子、博世、新松机器人自动化有限公司等；二是汽车行业，包括上海汽车城数字中心、沃尔沃汽车亚太区总部–中国研发中心、上海蔚来汽车有限公司、上汽大众汽车公司大众汽车一厂、华晨宝马集团（沈阳）等；三是物流行业，包括京东物流、菜鸟物流、苏宁物流等；四是医疗行业，包括中科软科技（区域卫生信息化）、东软（医院信息化）、腾讯（觅影医疗影像AI+）、阿里等。经过深入的调研和系统的研究，最终形成了体系化、有深度的研究成果。

在写作本书的过程中，戴尔科技集团全球执行副总裁、大中华区总裁黄陈宏博士，戴尔科技集团全球副总裁、大中华区政府事务部总经理周兵，戴尔科技集团全球副总裁、大中华区战略及业务拓展部总经理吴海亮，戴尔科技集团全球副总裁、大中华区商用市场部总经理石峰给予了建设性的指导，王维佳和王涛发挥了课题组织枢纽的作用。中国科学院科技战略咨询研究院副院长张凤研究员和宋大伟特聘研究员给予了全方位的指导和支持，吴静、王晓明两位研究员一起组织、领导，并完成了本书的统稿。参与本书写作的还有刘昌新、侯云仙、孙翊、朱永彬、薛俊波、田园、鹿文亮、鲁鑫、袁钰等研究人员。在此，对给予本书支持的相关企业、专家领导和研究人员一并致以谢意。希望本书能够为我国企业推进数字化转型实践、完善产业数字化转型生态、推动政府制定促进产业数字化转型的政策提供有益的参考。

PREFACE

Against the backdrop of a new round of scientific and technological revolution and industrial change, a new generation of information technologies represented by cloud computing, big data, AI and blockchain are now developing fast. A rising wave of informatization characterized by digitalization, networking and intelligence has accelerated the integration of information technology with various fields and sectors of economy and society, prompted innovation and pushed the world to enter a new era of digital economy. To promote industrial digital transformation and change in China, the research team of Institutes of Science and Development, Chinese Academy of Sciences started the research and writing of this book with the support of Dell in June 2019, sum up the current situation and main issues of industrial digital transformation, expound on the modes and paths of digital transformation in different countries and industries from a strategic height, unravel the patterns of industrial digital transformation, and put forward a series of scientific and highly feasible strategic and policy recommendations. It also drew upon the project Research on the Modes and Paths of Digital Transformation of Traditional Industries, which the research team completed in 2018.

This book is divided into two parts: the main report, and thematic reports. The main report presents an overview of the strategy and policies of China's industrial digital transformation, while the thematic reports look at the development paths and modes of three major industries: automobile, logistics, and healthcare. The main report is further divided into two parts: the theory part, and the practice part. The theory part adopts the perspectives of conceptual connotation and extension, theoretical mechanism, strategic thinking, contribution metrics and index evaluation of industrial digital transformation, and the practice part starts with the global experience, Chinese situation, development ideas, main tasks and policy recommendations of industrial digital transformation and conducts comprehensive and in-depth research on Industrial Digital Transformation 2.0 in China. Meanwhile, this book also comes as an upgraded version of the *Research on the Modes and Paths of Digital Transformation of Traditional Industries* released by the research team in 2018. It presents ideas and systematic thoughts on the ongoing changes and future trends of industrial digital transformation in China in the past year or so, with a view to providing certain ideas and making recommendations for industrial digital transformation in the country. Below are the important ideas and conclusions of the book:

Digital transformation is an essential path for industries to leverage the power of new-generation information technology to realize more efficient business processes, deliver better customer experience and generate broader value. This book establishes a new systematic framework of industrial digital transformation strategies, which takes new infrastructure and new institutions as the foundations and digital technology, new economic model and new social governance as the driving forces to ultimately realize the vision of future industrial development models. It is a strategic system with "2 foundations, 3 driving forces and 1 vision" for industrial digital transformation. The core characteristics of industrial digital transformation include: (1) data becomes a new factor of production; (2) consumer demand becomes a new driving force for business models; (3) speed, agility and openness become the new normal of industrial operation; (4) "Software Defined Anything" becomes a new starting point of industrial value creation; and (5) XaaS becomes a new paradigm of industrial digital transformation.

Currently, industrial digital transformation plays a tremendous role in driving economic development in China. At the macro level, this report estimates that ICT capital stock contributed to 63% of China's economic growth rate in 2018, compared to 74% in the United States during the same period. Meanwhile, ICT capital stock substantially improves production efficiency, contributing 52% of TFP growth in China, higher than that of non-ICT capital at 29%. At the industrial level, this report adopts an industrial digital transformation capacity evaluation system with 9 sub-indicators and 13 indicators in the four major dimensions of technology, economy, society, and new infrastructure & new institutions to divide industrial digital transformation capacities into 4 levels: starting level, development level, acceleration level, and maturity level. Based on analysis, the report concludes that industries as a whole are currently in a stage of transition from Digital Transformation 1.0 to Digital Transformation 2.0. Looking forward to the future, the vision of development for industrial digital transformation lies in " future industries " , including future manufacturing, future energy, future transport, future healthcare, and future services.

Digital transformation in China is now in a period of reaping the policy dividend, with the digital economy becoming an important engine for the high-quality development of the Chinese economy, industrial digital transformation continuously deepening and Chinese characteristics emerging in various sectors. However, digital transformation in most Chinese industries still has its shortcomings, including monolithic technological path, insufficient digital capacity for core technologies, overall technical architecture iteration lagging behind foreign countries, inadequate innovation of new models and new business formats, as well as multiple shortboards in respect of talent, new infrastructure construction, data governance and so on.

In the future, it is necessary to establish a new system of industrial digital transformation from the multiple aspects of technology empowerment, economic model change, social constraints, and new infrastructure & new institutions, so as to change the currently monolithic technological path and realize the "3-in-1" unity between the digital world, the physical world, and the people. At the same time, it is also necessary to base on China's national conditions and take a new " private-platform-public " (PPP) development path of digital transformation with Chinese characteristics, in which enterprises, the government and platforms give full play to their respective roles and functions, and accelerate the establishment of a digital ecosystem landscape of open, collaborative and integrated development among small, medium-sized and big enterprises.

Firstly, for technological development, there is a need to carry forward the idea of inclusive cooperation, build an open technological system featuring open sources, accelerate cloud-based IT architecture, encourage diversified routes of technological development, and rebuild modes of management and organization. Secondly, in terms of economic change, it is essential to encourage the development of the platform economy, promote changes in organization, management, operation and business models, deeply tap into the business value brought by digital transformation, continuously push forward the innovation of new business formats, new models, new products and new services, establish user-centered modes of full life cycle economic management and operation, and reinvent different business models. Thirdly, as for social governance, it is necessary to establish a digital literacy and digital capacity system for talents and explore new models of talent training; and further raise the level of digital governance, strengthen data standard and security system building, actively participate in the formulation of the world's digital economy and trade rules. Fourth, in terms of new infrastructure & new institutions, it is important to seize the opportunity of 5G, promote the process of digital infrastructure construction, make the digital transformation of traditional infrastructure as a key area of work, provide basic institutional safeguards from such aspects as equity and institutional economics, and push forward the sustainable development of the physical world, the digital world and people.

Meanwhile, as for policy recommendations, it is imperative to strengthen top-level design and enhance organizational safeguards; improve policies and regulations and cultivate a favorable environment; focus on case gathering and speed up demonstration and promotion; build public platforms, promote collaborative cooperation; deepen global cooperation and raise international influence, and improve the policy environment of industrial digital transformation.

To complete this book, the research team made on-site visits to more than 50 enterprises and research institutions, and selected automobile, logistics and healthcare as three major representative industries for analyzing the specific modes and paths of industrial digital transformation. The surveyed enterprises included: 1. digital transformation solution providers such as Pivotal, VMware, Dassault Systèmes, Siemens, Bosch, SIASUN Robot & Automation Co., Ltd. and others; 2. Shanghai International Automobile City Digital Center, Volvo Asia Pacific Headquarters - China R&D Center, Shanghai NIO Automobile Co., Ltd., SAIC Volkswagen No.1 Automobile Factory, Brilliance BMW Group (Shenyang) and others in the automobile industry; 3. JD Logistics, Cainiao Logistics, Suning Logistics and others in the logistics industry; and 4. the healthcare industry, including Sinosoft (regional health informatization), Neusoft (hospital informatization), Tencent (Miying medical imaging AI+), Alibaba and others. Following in-depth survey and systematic research, the research team finally produced systematic and profound research results.

In the course of research and writing of this book, Dr. Huang Chenhong, Executive Vice President and President, Greater China of Dell Technologies, Mr. Zhou Bing, Vice President, Government Affairs, Greater China of Dell Technologies, Mr. Wu Hailiang, Vice President, Strategy and Business Development, Greater China of Dell Technologies, Mr. Shi Feng, Vice President, Greater China Commercial Marketing of Dell Technologies all offered insightful guidance to the project team. Wang Weijia and Wang Tao played a pivotal role in the organization of the project. Research Professor Zhang Feng, Vice President of Institutes of Science and Development, Chinese Academy of Sciences and Specially-Appointed Research Professor Song Dawei provided comprehensive guidance and support to the project team. Research professors Wu Jing and Wang Xiaoming organized and led project research together and completed this book. In addition, Liu Changxin, Sun Yi, Zhu Yongbin, Xue Junbo, Tian Yuan, Hou Yunxian, Lu Wenliang, Lu Xin, Yuan Yu and other researchers participated in the writing of this book. Here, we would like to extend our sincere thanks to all relevant enterprises, experts, leaders and researchers for their support of this book. It is hoped that the results of this book can provide useful reference for Chinese enterprises to promote the practice of digital transformation, for all parties concerned to improve industrial digital transformation ecosystems and for the government to formulate policies to push forward industrial digital transformation.

目录

序一
序二
前言
PREFACE

第一篇　总报告之理论篇

第一章　产业数字化转型的概论与战略 ································· 2
　　一、产业数字化转型的概论 ··· 2
　　　　（一）内涵与外延 ··· 2
　　　　（二）核心特征 ··· 4
　　二、产业数字化转型的战略 ··· 6
　　　　（一）技术赋能 ··· 7
　　　　（二）创新经济模式 ··· 14
　　　　（三）创新治理模式 ··· 19
　　　　（四）"新基建"和数字经济新管理制度支撑 ····························· 26

第二章　产业数字化转型的贡献测算和评价体系 ······················· 28
　　一、产业数字化转型对我国经济增长的贡献测算 ····························· 28

（一）对我国经济增长率的贡献 ·· 28
　　（二）对我国劳动生产率增长的贡献 ···································· 29
二、产业数字化转型投入对我国全要素生产率的贡献测算 ············ 30
三、产业数字化转型对美国经济增长的贡献测算 ······················· 31
四、产业数字化转型能力的评价指标体系 ································ 32
　　（一）评价体系阐述 ··· 33
　　（二）评价指标体系框架 ··· 35
　　（三）基于评价体系的数字化转型的阶段判断 ···················· 40

第二篇　总报告之实践篇

第三章　国际产业数字化转型的实践 ·· 44

一、不同国家产业数字化转型的典型战略 ································ 44
　　（一）德国 ··· 44
　　（二）美国 ··· 49
　　（三）日本 ··· 53
二、国际产业数字化转型战略启示 ··· 55

第四章　我国产业数字化转型的发展现状和主要问题 ···················· 57

一、我国产业数字化转型的发展现状 ····································· 57
　　（一）国家高度重视，数字化转型发展处于政策红利期 ········ 57
　　（二）数字经济正在成为我国经济高质量发展的重要引擎 ···· 58
　　（三）产业数字化转型深入推进，细分领域形成中国特色 ···· 58
二、我国产业数字化转型的主要问题 ····································· 59
　　（一）国内多数产业数字化转型还依赖单一的技术路径 ······· 59
　　（二）核心技术能力不足，整体技术架构迭代落后于国外 ···· 59
　　（三）新模式、新业态创新不足，数字化转型的创新能量待释放 ······ 60
　　（四）国内新型数字复合型人才缺乏，且人才需求持续扩大 ······· 60

（五）"数据孤岛"、数据开放、标准和安全问题依然亟待解决 ·············· 61

　　（六）数字化基础设施和基础设施数字化建设均有待进一步推进 ·············· 62

第五章　我国产业数字化转型的总体思路和主要任务 ·············· 63

一、我国产业数字化转型的总体思路 ·············· 63

　　（一）从技术赋能、经济模式变革、社会约束、"新基建"和新管理制度多方面
　　　　 构建产业数字化转型新体系 ·············· 63

　　（二）产业数字化转型要实现数字世界、物理世界和人"三位一体"的统一 ····· 64

　　（三）走中国特色的"新型PPP"数字化转型发展路径 ·············· 64

　　（四）构建大中小企业开放、协同、融合发展的数字化生态格局 ·············· 65

二、我国产业数字化转型的主要任务 ·············· 65

　　（一）秉承开放合作理念，构建开放、开源的技术体系 ·············· 65

　　（二）布局云原生IT架构，多样化技术发展路线，重构管理组织方式 ·············· 66

　　（三）鼓励平台经济，并推动组织、管理、运营、商业模式等变革 ·············· 66

　　（四）构建人才数字素养和数字能力体系，探索新型人才培养模式 ·············· 68

　　（五）进一步提升数字治理水平，加强数据标准和安全体系建设 ·············· 69

　　（六）推动新型基础设施发展，为数字化转型提供坚实保障 ·············· 69

　　（七）提供产权、制度经济学等基本制度保障，推动物理世界、数字世界和人的
　　　　 可持续发展 ·············· 70

第六章　我国产业数字化转型的指导政策和典型实践 ·············· 71

一、我国产业数字化转型的指导政策 ·············· 71

　　（一）强化顶层设计，加强组织保障 ·············· 71

　　（二）完善政策法规，培育良好环境 ·············· 72

　　（三）注重案例总结，加快示范推广 ·············· 72

　　（四）建设公共平台，推动协同合作 ·············· 73

　　（五）开放合作创新，深化全球合作 ·············· 73

二、我国产业数字化转型的典型实践 ·············· 74

　　（一）智慧农业实践 ·············· 74

（二）制造业数字化实践 …………………………………………………… 75
　　（三）医疗行业数字化实践 …………………………………………………… 77

第三篇　专题报告

第七章　汽车产业数字化转型的模式和路径 ………………………………… 80
一、汽车产业数字化转型的内涵界定和主要特征 …………………………… 80
　　（一）内涵界定 ………………………………………………………………… 80
　　（二）主要特征 ………………………………………………………………… 81
二、汽车产业数字化转型的先进经验借鉴 …………………………………… 82
　　（一）先进经验借鉴 …………………………………………………………… 82
　　（二）重要启示 ………………………………………………………………… 85
三、汽车产业数字化转型的发展现状、需求和存在的问题 ………………… 86
　　（一）发展现状 ………………………………………………………………… 86
　　（二）需求 ……………………………………………………………………… 89
　　（三）存在的问题 ……………………………………………………………… 92
四、汽车产业数字化转型的主要方向和条件分析 …………………………… 94
　　（一）主要方向 ………………………………………………………………… 94
　　（二）条件分析 ………………………………………………………………… 96
五、汽车产业数字化转型的主要路径和典型案例 …………………………… 99
　　（一）主要路径 ………………………………………………………………… 99
　　（二）典型案例 ………………………………………………………………… 101
六、我国汽车产业数字化转型的主要影响和阶段评估 ……………………… 104
　　（一）主要影响 ………………………………………………………………… 104
　　（二）阶段评估 ………………………………………………………………… 105
七、我国汽车产业数字化转型的指导政策 …………………………………… 111
　　（一）完善汽车产业数字化转型顶层设计 …………………………………… 111
　　（二）推进汽车产业数字化转型基础设施的建设 …………………………… 112

（三）统筹汽车产业数字化转型行业标准的建设 ················ 112
　　（四）调整汽车产业数字化转型人才的培育机制 ················ 112
　　（五）鼓励构建汽车产业数字化转型创新体系 ·················· 113

第八章　物流行业数字化转型的模式和路径 ·············· 114

一、物流行业数字化转型的内涵界定和主要特征 ·················· 114
　　（一）内涵界定 ·· 114
　　（二）主要特征 ·· 116
二、物流行业数字化转型的先进经验借鉴 ························· 119
　　（一）借鉴先进经验 ·· 119
　　（二）重要启示 ·· 123
三、我国物流行业数字化转型的发展现状、需求和存在的问题 ······· 124
　　（一）发展现状 ·· 124
　　（二）需求 ·· 126
　　（三）存在的问题 ·· 127
四、物流行业数字化转型的主要方向 ····························· 130
　　（一）基础层 ·· 130
　　（二）平台层 ·· 132
　　（三）产品层 ·· 133
　　（四）赋能层 ·· 137
五、物流行业数字化转型的主要路径和典型案例 ··················· 138
　　（一）主要路径 ·· 138
　　（二）典型案例 ·· 140
六、我国物流行业数字化转型的主要影响和阶段评估 ··············· 142
　　（一）主要影响 ·· 142
　　（二）阶段评估 ·· 146
七、我国物流行业数字化转型的政策建议 ························· 148
　　（一）统筹布局物流行业数字化发展规划，加强和统一相关法律政策的制定 ····· 148

（二）发挥大企业作用，开发关键技术设备，建立高效智慧物流管理平台创新合作共享模式 ·················· 151

（三）完善物流发展基础设施在区域间的布局，推动物流数字化的可持续发展模式 ·················· 151

（四）加快物流信息化标准化体系建设，不断增强物流国际化标准的运作能力 ·················· 151

（五）建立、健全物流信息安全防控机制，维护数字知识产权和个人隐私安全 ·················· 152

（六）理顺数字化物流发展管理体制，促进物流治理体系和管理能力的建设和提升 ·················· 152

第九章 医疗行业数字化转型的模式和路径 ·················· 153

一、医疗行业数字化转型的内涵、意义和主要特点 ·················· 153
（一）内涵 ·················· 153
（二）意义 ·················· 154
（三）主要特点 ·················· 154

二、国际医疗行业数字化转型的主要经验和重要启示 ·················· 155
（一）主要经验 ·················· 155
（二）重要启示 ·················· 157

三、医疗行业数字化转型的发展现状、需求和存在的问题 ·················· 159
（一）发展现状 ·················· 159
（二）需求 ·················· 160
（三）存在的问题 ·················· 162

四、我国医疗行业数字化转型的主要方向和条件分析 ·················· 163
（一）主要方向 ·················· 163
（二）条件分析 ·················· 169

五、我国医疗行业数字化转型的主要路径和典型案例 ·················· 173
（一）主要路径 ·················· 173

（二）典型案例 ··· 176
六、我国医疗行业数字化转型的主要影响和阶段评估 ······················· 178
　　（一）主要影响 ··· 178
　　（二）阶段评估 ··· 179
七、推进我国医疗行业数字化转型的指导政策 ································ 181
　　（一）坚持正确的改革方向，推进医疗数字化治理体系和治理能力的现代化 ······ 181
　　（二）加强制度顶层设计，建立完善的医疗数据安全和隐私保护的保障体系 ······ 182
　　（三）加快行业创新体系建设，实现医疗数字化领域的健康可持续发展 ·········· 182
　　（四）培养专业型与复合型人才，破解医疗行业数字化转型中的人才短缺局面 ··· 183

附录 A　数字化转型对经济增长贡献测算模型 ······························· 184

附录 B　主要名词注解 ·· 187

PART1 第一篇

总报告之理论篇

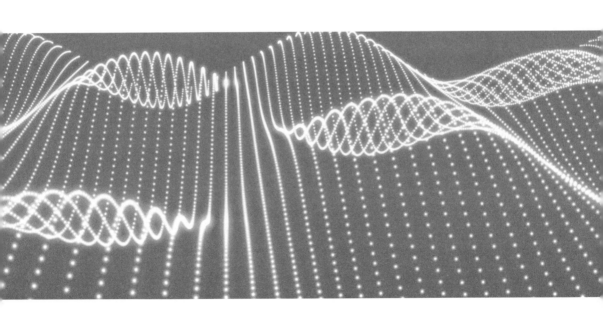

第一章 Chapter1
产业数字化转型的概论与战略

一、产业数字化转型的概论

(一) 内涵与外延

数字经济已成为全球范围内产业转型升级的重要驱动力,也是我国"十四五"时期提升产业核心竞争力、实现经济高质量发展的必由之路。2016 年,G20 杭州峰会发布的《二十国集团数字经济发展与合作倡议》指出,数字经济是指以使用数字化的知识和信息作为关键生产要素、以现代信息网络作为重要载体、以信息通信技术的有效使用作为效率提升和经济结构优化的重要推动力的一系列经济活动。据中国信息通信研究院(以下简称"信通院")报告[一]估算,2018 年全球 47 个国家的数字经济规模超过 30.2 万亿美元,占全球 GDP 的 40.3%。中国保持全球第二大数字经济体地位,规模达到 4.73 万亿美元。

当前,在全球范围内,很多国家都制定了国家战略或者部门政策,构建了数字经济国家战略框架。数字化转型已成为发展数字经济的基本路径。未来数字化转型支出将保持高速增长。据国际信息技术咨询企业国际数据公司(IDC)之前的预测[二],2020 年,全球整体 ICT 支出为 4 万亿~5 万亿美金,其中 30%~40% 都

[一] 中国信息通信研究院,《全球数字经济新图景》,2019
[二] IDC,《全球半年数字化转型支出指南》,2018

跟数字化转型相关。

不同国家和不同行业对数字化转型有不同的定义。美国的数字化转型主要是通过将虚拟网络与实体连接，形成更有效率的生产系统。软件和互联网经济发达的美国更侧重于在"软"服务方面推动新一轮工业革命，希望借助网络和数据的力量提升价值创造能力，保持制造业的长期竞争力。德国的数字经济战略集中体现在"工业 4.0"的战略布局中，其首要目标是借助智能工厂的标准化将制造业生产模式推广到国际市场，继续保持德国工业的世界领先地位。2016 年，德国发布《数字化战略 2025》，从国家战略层面确定迈向"数字德国"的 10 个行动领域，包括：构建千兆光纤网络；支持创业；建立投资和创新领域监管框架；在基础设施领域推进智能互联；加强数据安全，保障数据主权；促进中小企业商业模式数字化转型；落实"工业 4.0"；加强数字技术研发与创新；实现全阶段数字化教育；成立联邦数字机构。英国提出了《英国数字化战略》，主要包括连接性、技能与包容性、数字化部门、宏观经济、网络空间、数字化治理、数据经济七方面的战略任务。2019 年，日本提出"社会 5.0"，旨在通过人工智能、物联网和机器人等技术，以数据取代资本连接并驱动万物，将数字化渗透到经济、社会、生活各个层面，催生新价值和新服务，最终实现虚拟空间与现实空间的高度融合，实现"超智慧社会"。这是数字化转型的终极模式。

本书认为：数字化转型是利用新一代信息技术，通过构建数据的采集、传输、存储、处理和反馈的闭环，打通不同层级与不同行业间的数据壁垒，促进供给侧提质增效，创造新产业、新业态、新商业模式，不断满足需求侧改善体验的新需求，形成全新的数字经济体系。数字化转型要求企业将信息技术集成到业务的所有领域，增强自身产品研发、流程和业务决策制定能力，从根本上改变经营方式和为客户创造价值的方式。产业数字化转型的贡献主要体现在两个方面：一是为传统产业带来存量增加，即凭借信息技术引发的效率和产出的提升；二是为传统产业带来增量拓展，即在数字化背景下由新商业模式产生的业务拓展引发的产出增加。

产业数字化转型的内涵（见图 1-1）是围绕业务流程将大数据、云计算、人工智能、物联网、先进生产方法等前沿技术与生产业务相结合，打通不同层级与不同行业间的数据壁垒，使产业实现更高效的业务流程、更完善的客户体验、更广阔的价值创造，改变产业原有的商业模式、组织结构、管理模式、决策模式、供应链协同模式、创新模式等，推动垂直产业形态转变为扁平产业形态，打造出一种新兴的产业生态，实现产业协同发展，达到产业生产模式的转型与升级。

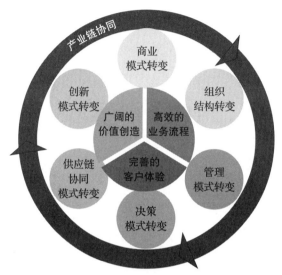

图 1-1　产业数字化转型内涵（见彩插）

产业数字化转型的外延则更为广阔，包含支撑产业数字化转型所需的经济、社会体系等外部支撑环境全方位的转变（见图 1-2）。从经济维度而言，产业数字化转型将涵盖数字化背景下经济结构、创新体系、市场竞争方式、贸易规则的全面转变；从社会维度而言，产业数字化转型所需的社会治理模式、标准法规、就业模式、教育体系、可持续发展等一系列问题也在产业数字化转型的范畴之内。

（二）核心特征

1. 数据成为新的生产要素

美国政府认为，数据是"陆权、海权、空权之外的另一种国家核心资产"。数据已成为数字经济赋能实体经济的核心生产要素。数字化转型不仅仅是将新技术简单运用到生产过程中，更应该在转型过程中不断积累并形成数字资产，围绕数字资产构建数字世界的竞争力，为企业不断创造价值。大数据和云计算、人工智能、物联网的结合，有效实现了数据到价值创造的有效转化。

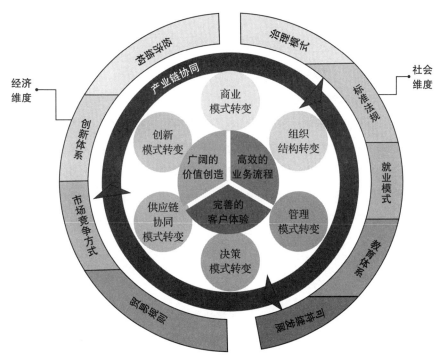

图 1-2 产业数字化转型的外延（见彩插）

2. 消费者需求成为商业模式的新动力

产业数字化转型驱动商业模式的智能化变革，传统产品驱动的商业模式被颠覆，生产端企业直接触及消费端用户，消费者需求或体验成为驱动企业生产的新动力，形成生产商、中间商、消费者的信息互联互通，为企业创新驱动提供新方向。

3. 快速、敏捷、开放成为产业运行新常态

数字化转型加速产业和企业运行效率，敏捷和 DevOps（开发运营）方法不仅在 IT 部门被采用，整个企业乃至产业各个环节都在数字化转型中实现快速迭代和自组织适应，同时数字化转型打破传统封闭的运营模式，基于大数据、物联网、移动化与云服务，企业与企业、行业与行业之间形成互联互通的开放产业生态。

4."软件定义一切"成为产业价值创造的新抓手

在 VMware 最初提出"软件定义数据中心"的基础上，随着数字技术在各个领域的广泛应用，基于应用需求驱动的软件功能创新成为数字化转型的重要抓手，

通过软件定义网络、软件定义存储、软件定义计算、软件定义消费、软件定义知识，未来将达到软件定义一切的全新数字化阶段。

5. XaaS 成为产业数字化转型新范式

软件定义一切并不意味着所有企业都要自主研发软件，未来基于 XaaS，企业可以将精力集中于核心业务。XaaS 提高了任何通过互联网交付并以灵活的消费模型付费的服务，SaaS（软件即服务）、PaaS（平台即服务）和 IaaS（基础架构即服务）是 XaaS 系列中最知名的成员。随着产业数字化转型的深入，"即服务"的范畴随之拓展，出现了 MaaS（出行即服务）、DBaaS（数据库即服务）、SaaS（存储即服务）、DaaS（桌面即服务）、CaaS（通信即服务）等新成员。

二、产业数字化转型的战略

产业数字化转型战略的体系以"新基建"和发展数字经济的新管理制度为基石，以"数字技术—新经济模式—社会治理"为驱动力，最终实现未来产业发展的愿景，如图 1-3 所示。产业数字化转型催生了对新型基础设施的强大需求，包括新型数字化基础设施、传统基础设施数字化。同时，良好的政府治理和制度环境对产业数字化转型的发展成败至关重要。在"新基建"和数字经济新管理制度的支撑下，技术、经济、社会三股驱动力将共同推动传统产业向未来产业转型。以云计算、大数据、物联网、5G、人工智能、区块链为代表的新一代信息技术与各产业的设计、生产、制造、销售、服务等各环节相融合，即为产业数字化转型的数字技术赋能。在数字技术的作用下，各产业突破传统经济模式，产生新业态、新组织、新管理，拓宽产业价值创造模式，提升产业生产效率，增加产业产出效益，即为产业数字化转型的新经济模式变革。同时，数字化人才、政府治理模式、资源环境的可持续发展又在一定程度上约束产业数字化转型，需要在新的产业发展模式下建立新的社会治理模式，即为社会治理约束。

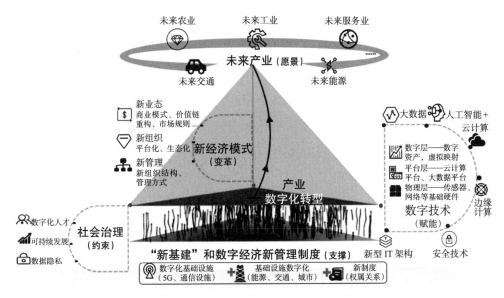

图 1-3　产业数字化转型战略理论体系

（一）技术赋能

产业数字化转型中，技术赋能涉及以下层次和内容。

1. 数字层

数字层主要进行数据资源的采集、存储、分析和应用。数字层由数据汇聚而成，是产业底层的物理层通过数字化技术到虚拟空间的一个映射，可以在数字端虚拟整个产业的生产过程。DaaS（Data as a Service，数据即服务）是一种新型服务，旨在将产业信息数据化和云化，它通过将数据资源集中化管理，并把数据场景化，对数据进行清洗和优化，实现数据的开放和共享，同时提供数据的应用端口，为企业自身和其他企业的数据共享提供了一种新的方式。⊖在此基础上，将形成大数据服务。大数据的发展具有行业特性，与行业的数字化转型密不可分，大数据的发展可以反映行业的数字化程度。

数据层还通过数据建模等方式实现数据知识化赋能，形成 SaaS（Software as a Service，软件即服务）。SaaS 是一种通过网络提供软件的模式，有了 SaaS，所有的服务都托管在云上，无须对软件进行维护。一个完整的企业 Web 应用程序可以

⊖ https://blog.csdn.net/zw0Pi8G5C1x/article/details/102927233

在云上提供一个敏捷、统一的企业协作平台。企业可以根据实际需要向 SaaS 提供商租赁在线的软件服务。SaaS 可以帮助企业减少费用，高效管理硬件、网络和内部 IT 部门。目前，SaaS 服务逐渐被细分，通信、邮箱、网盘等工具开始 SaaS 化，基于手机等移动终端的 SaaS 平台开始出现。随着移动终端的普及，SaaS 持续高速增长。相关参与方不断探索新型服务形式。

SaaS 厂商发展的基本现状可总结如下：1）传统软件企业通过拓展服务形式转型为 SaaS 服务商；2）创业公司在原有垂直领域 SaaS 的基础上，向底层拓展同类 PaaS；3）互联网巨头拓展平台在 SaaS 服务的基础上，引入第三方服务商形成 SaaS 服务入口平台，打造云服务生态。

SaaS 未来的发展趋势主要表现在三个方面：

- 智能化推动流程管理效率提升：人工智能等技术的引入将极大地提升流程优化效率，改善服务，成为改进 SaaS 的重要推动力。
- 行业垂直 SaaS 空间大：在垂直行业积累一定客户的 SaaS 企业，有机会挖掘供应链上的其他机会，例如 B2B、增值服务等。
- 打通碎片化服务：多数服务商专注于单一 SaaS 流程并面临服务数据互不联通的问题，因此在提供整合碎片化数据、流程的 SaaS 服务方面存在机会。

2. 平台层

平台层提供数据的存储、计算能力，由大数据平台和云计算平台构成。平台层可以围绕数字闭环、业务闭环等，搭建舆情监控平台、数字技能培训平台、社会治理平台、网络安全监测平台等，解决数字化转型过程中的行业和企业发展的关键和共性问题。在这一层，主要实现 PaaS 服务，具体是指将软件研发的平台作为一种服务，并提供给用户。用户或者企业可以基于 PaaS 平台快速开发自己需要的应用和产品。同时，PaaS 平台开发的应用能更好地搭建基于 SOA 架构的企业应用。作为一个完整的开发服务，PaaS 提供了从开发工具、中间件到数据库软件等开发者构建应用程序所需的所有开发平台的功能。

国内大型云服务商已开放很多面向开发者的云服务能力（如阿里百川等），同时，垂直 PaaS 平台发展迅速，出现了面向物流网、语音识别等领域的 PaaS 平台。目前，PaaS 厂商发展的现状主要是在原有技术功能的基础上，根据优势拓展服务形式和客户群，拓展方向主要集中在以下三个方面。

- 拓展服务功能：从单一 PaaS 服务拓展为多种 PaaS 服务。
- 拓展服务形式：在原有 PaaS 服务基础上，拓展同类 SaaS 服务。
- 拓展新客户：在 PaaS 通用模块基础上，为企业提供定制化流程管理。

目前，PaaS 的发展趋势主要表现在三个方面：

- 业务类型同质化：提供单一功能的 PaaS 厂商横向发展，成长为 PaaS 工具商，这可能造成 PaaS 厂商业务高度重合。
- 开发者增值服务成为增长点：在提供功能模块的基础上，形成平台生态，提供满足企业/应用生命周期全流程的技术服务。
- 国际化业务或成为新增长点：技术模块在国际化推广过程中受到地理位置、使用习惯的限制较小，海外市场将成为 PaaS 厂商新的增长点。

3. 物理层

物理层主要由传感器、网络和其他硬件基础设备构成，负责数据的采集、传输和生产执行。物理层提供的服务称为 IaaS 服务，IaaS 供应商为用户提供云化的 IT 基础设施，包括处理、存储、网络和其他基本的计算资源。用户能够远程部署和运行任意软件（包括操作系统和应用程序），供应商则按照用户使用存储服务器、带宽、CPU 等资源的数量收取服务费。公共云 IaaS 是一种"重资产"的服务模式，需要较大的基础设施投入和长期运营技术经验积累，该项业务具备极强的规模效应。因此，一旦巨头优势显现，将产生马太效应，通过价格、性能和服务建立起较宽的"护城河"。"IT 云化"可以大幅度提升 IT 基础设施的灵活性和可扩展性，这对数字化转型的作用尤为重要。数字化体系中对数据的处理和存储能力有较高的要求，但同时具有不确定性和突发性，利用弹性的云计算架构，既可以满足弹性计算的需求，又能满足低成本的需求。

物理层的技术主要包括物联网、5G、超算中心等。物联网作为数字化体系的物理层，其快速发展意味着数字化体系的快速构建与完善。数以亿计的传感器成为物理世界数字化的基础，物联网成为物理世界通向数字世界的通道。超级计算机（超算中心）的超级计算能力和应用水平关乎一个国家或地区在信息技术领域国际竞争的成败，也是国家创新体系的重要组成部分，已经成为世界各国特别是大国争夺的战略制高点。5G 将推动六大领域数字化转型，包括：智能交通和运输、工业 4.0、智慧农业、智能电网、智慧医疗、媒体和内容创新等。

4. 前沿技术

（1）数字化转型的前沿技术

数字化转型的前沿技术主要包括人工智能、区块链和安全防护体系。

❏ 人工智能

人工智能作为引领新一轮科技革命和产业变革的战略性技术，已成为世界主要国家谋求新一轮国家科技竞争主导权的关键领域。人工智能可以理解为利用机器不断感知、模拟人类的思维过程，使机器达到甚至超越人类的智能。随着我国人工智能战略布局的落地实施，全球人工智能发展进入技术创新迭代持续加速和融合应用拓展深化的新阶段，深刻改变着国家政治、经济、社会、国防等领域的运行模式，为人类的生产生活带来翻天覆地的变化。

人工智能应用成为互联网下一演进阶段的重要组成部分，人工智能部分技术已经进入产业化发展阶段，推动了新产业的兴起。而核心器件多元化创新，正在加速带动 AI 产业发展。GPU、DSP、FPGA、ASIC 以及类脑等人工智能芯片创新频繁，支撑云侧、端侧 AI 计算需求。AI 产业快速发展，尤其是云端深度学习计算平台的需求正在快速释放。当今的人工智能技术以深度学习为核心，在视觉、语音、自然语言等应用领域迅速发展，已经开始像水电煤一样赋能于各个行业。

人工智能应用领域没有专业限制。通过人工智能产品与生产、生活的各个领域融合，形成从"互联网+"到"人工智能+"的升级。"人工智能+"在改善传统产业各环节流程、提高效率、提升效能、降低成本等方面发挥了巨大的推动作用，大幅提升业务体验，有效提高各领域的智能化水平。

❏ 区块链

区块链技术的集成应用在新的技术革新和产业变革中起着重要作用。区块链（Blockchain）是一种由多方共同维护，使用密码学保证传输和访问安全，能够实现数据一致存储、难以篡改、防止抵赖的记账技术，也称为分布式账本技术（Distributed Ledger Technology）⊖。典型的区块链以"块-链"结构存储数据。作为一种在不可信的竞争环境中以低成本建立信任的新型计算范式和协作模式，区块链凭借其独有的信任建立机制，正在改变诸多行业的应用场景和运行规则，有

⊖ 信通院，《区块链白皮书 2019》，2019

望成为数字经济信息基础设施的重要组件，是未来发展数字经济、构建新型信任体系不可或缺的技术之一。

区块链作为新型信息基础设施打造数字经济发展新动能。区块链与各行业传统模式相融合，为实体经济降低成本，提高产业链协同效率，构建诚信产业环境。从交易信息到去中心化应用，区块链承载的内容会越来越丰富，将为各种数字化信息提供一个可确权、无障碍流通的价值网络，在实现对所有权、隐私权保护的前提下，让更多的价值流动起来。

区块链将会成为未来社会的信息基础设施之一，与云计算、大数据、物联网等信息技术融合创新，以构建有秩序的数字经济体系。比如在政府治理领域，区块链是实现"数据多跑路，百姓少跑路"智慧政务的有效途径。在金融服务领域，区块链将资金流、信息流、物流整合起来实现"三流合一"，有助于提升信任穿透水平，解决中小微企业"融资难、融资贵"的难题。

❑ 安全防护体系

数据是驱动数字经济发展的重要基础要素，数据安全风险已成为影响数字经济安全发展的关键因素。部分国家已率先探索人工智能等数字技术的数据安全风险的前瞻研究和主动预防，并积极推动数字技术在数据安全领域的应用，力求实现数字技术与数据安全的良性互动发展⊖。

从数据安全防护体系技术上看，数据安全交换、资产风险管理、容器安全、蜜罐（honeypot）技术、态势感知是构建数据安全防护体系的五大重要内容。数据安全交换主要是实现线上生产环境和办公环境之间，线上各个服务器和系统之间大量的数据方便、快捷而又安全高效地交互。资产风险管理最核心的使命是，自动收集并动态更新公司全部服务器和应用的信息，然后通过调用多种漏洞扫描引擎，进行扫描结果与资产自动关联，最后统一汇总分析和评价。容器安全，既需要传统虚拟机网络安全防御和主机安全扫描技术，也需要注意容器镜像安全，以防止黑客利用容器镜像文件作为媒介，上传遭感染的镜像，攻击容器网络或是容器主机。蜜罐是一个计算机术语，专指用来侦测或抵御未经授权操作或者黑客攻击的陷阱，因原理类似诱捕昆虫的蜜罐因而得名。态势感知平台的风险决策引擎专家系统提供策略全生命周期的统一管理，包括可重用的指标、规则、决策流和

⊖ 信通院，《人工智能数字安全白皮书2019》，2019

决策结果自定义输出等组件的编辑、部署、运行和监控等功能，提供高效的决策管理。

（2）对产业价值链产生巨大影响的数字化技术

对产业价值链产生巨大影响的数字化技术包括数据、计算能力和连接，分析和智能，人机交互以及先进生产方法。

❑ 数据、计算能力和连接

近年来，数据规模呈几何级数高速成长。据国际信息技术咨询企业国际数据公司（IDC）的报告，到 2030 年，全球数据存储量将达到 2500ZB。以用户为核心的企业可以利用大数据驱动，将用户线下行为数据化，再进行线上数据融合，通过数据技术来观察竞争对手的特点，在人群洞察、精准营销和运营服务中的经营场景中实现数据化运营。云计算作为重要的大数据网络服务模式，通过 IaaS、PaaS 和 SaaS 三种类型服务彻底改变了企业的数字化构架，简化了软件、业务流程和访问服务，补充了企业的内部基础设施和应用程序，并将组织设计作为云计算迁移的元素，让许多"云"设备用于将业务流程、通信等功能规模化。作为云计算的延伸扩展，雾计算（Fog Computing）是一种分布式的计算模型，作为云数据中心和物联网设备/传感器之间的中间层，它提供计算、网络和存储设备，让基于云的服务离物联网设备和传感器更近。边缘计算则是在用户或数据源的物理位置或附近进行的计算，这些节点更接近于用户终端装置，可以加快资料的处理与传送速度，减少延迟。组织架构协同、信息的有机组织和沉淀、业务流程的线上标准化、硬件设备的线上协同调配、收支系统的连通和企业生态的上下游全面在线连接是实现企业数字化连接的关键因素。大数据、云计算和数字化连接方式是产业数字化转型的关键技术，是产业应对数字红利的技术要素，进而保障产业数字化经济发展。

❑ 分析和智能

数据分析的主要作用是辅助决策，它是大数据时代的必然产物。在大数据应用的实践中，描述性、预测性分析应用多，而决策指导性等更深层次分析应用偏少，如无人驾驶汽车通过分析高精度地图数据和海量的激光雷达、摄像头等传感器的实时感知数据，对不同驾驶行为导致的后果进行预判，并据此指导车辆的自动驾驶。在产品的整个寿命周期中，包括从市场调研到售后服务和最终处置的各个过程，都需要适当运用数据分析过程，以提升有效性。企业决策者通过市场调查，分析所得到的数据以判定市场动向，进而制定合适的生产及销售计划，实现数据的有效发掘和利用，指导企业数字化决策。智能化包括智能操作系统、智能传感与物联网、视觉识别和语音交互、深度学习计算机等的特性，能够促进社会资源（人才、物料、设备、仓库、运输车、资金）的最佳调度，通过社会大数据驱动的人工智能和深度学习，做到社会资源的自动化、最佳化供需匹配调度，从而实现产业联动，促进产业数字化转型。

❑ 人机交互

当前移动互联网、虚拟现实、普适计算等技术飞速发展，对人机交互技术提出了新的挑战和更高的要求，人机交互的研究内容也从精确转向非精确，从功能转向场景，从交互转向实践。未来的人机交互将会演变成"交互人"和"智能机"在物理空间、数字空间及社会空间等不同空间上的交互，从而模拟现实经营、生产活动，强化模拟场景的真实性，提升工业生产制造活动的自动化程度。基于大数据及其智能化分析的工业生产制造活动自动化是提升制造敏捷性的重要技术支撑，将传统制造向拉动式生产模式转变，提升数字化生产制造的普适性，从而提升产业发展竞争力。

❑ 先进生产方法

先进生产方法是推进数字化工厂转型的重要基础。数字化工厂是以产品全生命周期的相关数据为基础，在计算机虚拟环境中，对整个生产过程进行仿真、评估和优化，并进一步扩展到整个产品生命周期的新型生产组织方式。针对产品设计、生产规划与生产执行三大环节，通过数字化建模、虚拟仿真、虚拟现实/增强现实（VR/AR）等技术实现生产方法创新，进而推动生产制造向智能化发展。先进的制造工艺、智能化软件和柔性的自动化设备、柔性的发展战略将成为未来企业竞争力并不断适应个性化需求和不确定的市场环境，将数字化技术用于制造过程，可大大提高制造过程的柔性和加工过程的集成性，从而提高产品生产过程的质量和效率，增强工业产品的市场竞争力。

图 1-4 展示了产业数字化转型技术赋能架构。

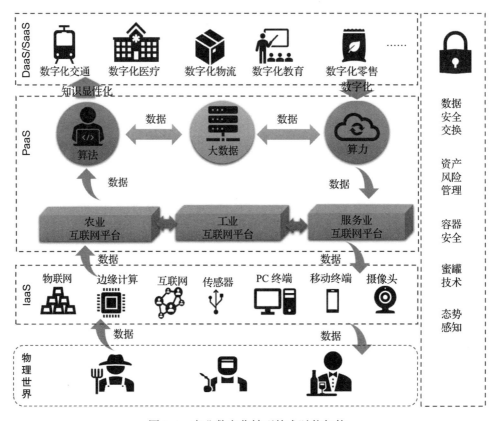

图 1-4 产业数字化转型技术赋能架构

（二）创新经济模式

数字化转型是以数字化的知识和信息为关键生产要素，以数字技术创新为核心驱动力，以现代信息网络为重要载体的新型经济形态，由此也将催生新业态、新组织以及新管理。

1. 新业态

（1）新产业链重构

产业数字化转型从本质上说是一种战略更新行为，是将企业战略更新与数字化转型上升到以数字化核心企业为主导的战略更新。产业数字化转型是通过电子手段从源头到目的地传送数字内容的过程，是一个集采购、智能仓储、智能制造、数字营销、智慧 B2C 物流、供应链风险预测与防控以及数字化客户关系管理等于一体的集成生态系统。产业数字化转型主要是基于数字化供应链的视角，通过对数据的采集、存储、传递、分析、管理和应用，从定制化订单、产品开发、数字化采购、数字化生产、自动化生产、智能物流及客户服务的全产业链实现数字化转型（见图 1-5）。

1）数字化供应链：数字化转型促进企业运营数字化、信息透明化、决策灵活化，实现供应链端到端可视化管理，从而实现产业供应链即时设计和管理。

2）定制化订单：传统生产制造模式难以满足消费者个性化需求，实现产业数字化转型后，基于大数据分析，可以提前获取客户消费偏好、设计生产计划、优化生产制造流程、实现拉动式生产模式转变、提升生产制造敏捷性。

3）产品开发：数字化技术基于数据分析预测，可以对市场需求进行准确判断，根据消费者的需求灵活地进行产品设计和开发，实现拉动式生产模式。

4）数字化采购：数字化采购通过提高企业采购速度、效率与敏捷性，为决策者提供更全面的视角，从而降低风险、提高合规性，最终提高采购部门可管控的支出项目，为企业带来更多价值。

5）数字化生产：在虚拟现实、计算机网络、快速原型、数据库和多媒体等数字技术的支持下，根据用户的需求，迅速收集资源信息，对产品信息、工艺信息和资源信息进行分析、规划和重组，实现对产品设计和功能的仿真以及原型制造，进而快速生产出达到用户要求的产品。

6）自动化生产：生产采用单独的控制系统，实现关键工序设备自动控制，各装备之间能够实现连续运转，在生产线内实现生产数据的采集监控和传递，具有自动识别、检测、传感等功能，能够实现物料上下料、传送和存储等工序的自动化生产，进而减少生产过程中的"浪费"。

7）智能物流：利用集成智能化技术，使物流系统能模仿人的智能，具有思维、感知、学习、推理判断和自行解决物流中某些问题的能力，促进物流系统快速运转，实现物流系统的智能化运转。

8）客户服务：数字化转变促使客户服务响应模式向体系化、专业化、智能化、多媒体化转变，利用新技术和手段，满足客户对于服务的多元化需求，提高服务应急响应速度，从而提升客户满意度。

通过对"大数据""云计算""人工智能"等先进数字技术的综合运用，可以实现全产业链数字化革新，为未来企业数据分析与预测、企业战略与转型、产品服务信息化等方面提供技术支撑，进而在转型变革中掌握和利用好数字经济，在实践中不断创新推动数字经济发展。在"互联网+"行动计划推动下，数字技术与传统经济不断创新融合，基于互联网的新技术、新产品、新模式、新业态迸发蓬勃生机。

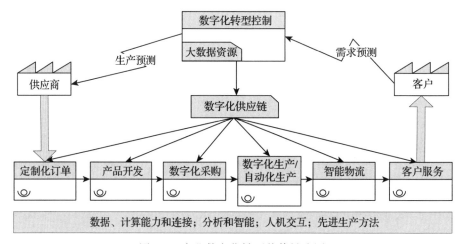

图 1-5　产业数字化转型价值链流图

（2）新商业模式

数字化带来更多元化的商业模式，数字技术与实体经济深度融合，颠覆与重塑了传统实体行业的价值创造模式。

大数据作为一种新的资产、资源和生产要素，正驱动着商业模式的智能化变革。信息技术发展以及各项经济社会活动产生的数据，成为蕴含巨大价值的新的生产要素。这种新的生产要素具有方便共享、低成本流转、复制等特点。某些集中式、开放型的基于大数据的共享服务云平台通过增大数字化信息的使用规模来实现效益累积增值。数据的共享连接生命周期的每一个点，不仅加速了要素之间的流通，降低业务成本，更开创了价值创造新模式。在数据成为新生产要素的背景下，企业收集、存储、处理、分析数据的能力也快速提升，信息的整合大大提高了生产和决策的智能化。

数字化发展使得企业价值创造方式转化为以消费端为导向的生产模式。智慧化生产不仅提高了市场内流通的产品质量，促进市场环境良性循环，还能够更大限度地利用各生产要素来实现价值创造。规模化定制、服务化延伸是智慧生产的表现，需求数字化使得企业供应变得更加精准，企业可以敏锐地捕捉市场动态，生产模式由大规模生产向大规模定制转变。用户需求导向型的创造促使企业不断升级产品和服务，最终促进产业结构整体创新能力的提升。在智慧化生产的背景下，企业开始重视用户需求，改善用户体验，构建以服务为核心的轻资产。

数字化转型为创新驱动提供了新方向，加速了智能创新发展。数字技术与信息技术的融合，以及深度应用，降低了创新成本和创新风险，明确了企业的创新方向。基于互联网的众筹、众包、众创、众智平台不断涌现，实现新型的跨地域、多元化、高效率的开放协同创业/创新模式。企业的数字化涵盖从设计到使用的全过程，实时更新的数据在创新的每一个阶段都会发挥驱动作用，最终使得企业可以调动所有生产要素并激发其累计效应来创造颠覆性创新产品。

2. 新组织

随着即时连接、高度智能、深度透明的数字化技术逐渐深入到企业内外的各个产业链环节，外部合作伙伴与内部业务单元开始实现无缝数字化连接，内部各个层级和各个业务模块也开始实现知情权对等和信息对称。数字化、平台化、生态化将推动企业发展新经济模式。

（1）平台化

产业互联网平台打造人、机、物全面互联的新型网络基础设施，形成智能化发展的新兴业态和应用模式，促进产业数据的采集交换、集成处理、建模分析和反馈执行，为大规模个性定制、网络协同制造、服务型制造、智能化生产等新型生产和服务方式的实现提供有力的基础支撑。平台成为数字经济时代协调和配置资源的基本经济组织，是价值创造和价值汇聚的核心。一方面，互联网平台新主体快速涌现。商贸、生活、交通、工业等垂直细分领域平台企业发展迅猛。另一方面，传统企业加快平台转型。企业生产和交易方式的改变，使得企业的服务边界越来越模糊。平台型组织是一种既高度强调专业基础设施集成，又非常重视分散化和灵活化的小微型客户经营组织创新的创新型组织模式，它高度集成的专业基础设施推动平台企业创造新的产业高度。因此，平台型组织既能以极致专业化的程度满足客户的个性化和定制化需求，又能可持续地跟随市场和需求的变迁完成自身的升级进化。

在数字化发展的背景下，企业逐步由处于网络的某一个节点到开始搭建自身的产业网络系统，形成群体性突破的创新网络。数字化转型会加剧企业间甚至跨行业的竞争，但同时创造了具有全新模式的产业链。传统线性产业链开始向网络集群化发展，整体网络规模呈现不断扩大的趋势。整合多方面资源的平台型组织便是典型的代表。汇集了大量信息的云服务平台，将企业之间的合作由原来简单的线性链条变为可多方参与的网状模式。平台化的企业如同一个集聚了信息、知识的开源社区，吸纳更多企业加入合作网络，使得资源被充分利用，闲置资产被激活，创造出更多价值。

（2）生态化

随着各个专业化平台的互联互通，生态化将成为平台的未来发展趋势，形成企业合作生态圈。在合作网络中，产业链上下游实现信息共享，输出智能化的管理方案。在以价值网络为导向的合作生态圈中，兼顾了客户、供应商和多方利益相关者，通过搭建合作平台，各方资源充分共享、互动融合、实现合作生态圈中各方的利益共同增值，有助于产业在技术变革迅速、商业环境不确定性极高、竞争加剧的背景下确立与维持竞争优势，提高整体的运营效率。

借助生态系统，产品供给模式得到创新，从单一的产品属性向多元化、场景化和链条化延伸，实现体验式的服务。专业化平台参与各方牵手合作，依托科技、聚焦场景、围绕用户打造新生态系统，实现从竞争到合作的转变。生态系统的兴起必然引起众多企业走向价值共生、网络协同关系。随着平台上参与者与使用者的数量不断增多，交易节点越来越多，生态系统内各要素、各环节和各流程的运营成本降低，规模效应逐渐显现。平台型组织在本质上是共建共赢的生态系统，通过整合产品和服务供给者，促成组织间的交易协作，共同创造价值。基于数据端的驱动、智能化的运营，供应端可以直接与消费者对接，实时了解供需变化，产销边界透明。

3. 新管理

企业数字化发展的高级阶段，是具有"数字神经系统"的智慧企业。企业在移动互联网、信息技术、云计算等技术发展的基础上，实现了管理的数字化、智能化。数字经济给组织架构、管理模式、管理方式都带来了深刻的变化。

（1）管理结构扁平化

数字化转型在一定程度上颠覆了传统垂直型的管理结构，大量数字信息的快速流动推进了管理运行效率的提升，形成由数据驱动的扁平化管理结构，多层级复杂的管理体系已不适用。信息技术发展水平日益提升，企业内部各环节数据的共享程度提升，为部门间的协同发展创造了条件。数据的实时流动需要企业具备能够实时互动、多方参与、快速响应的扁平化协同组织管理模式。数字化转型要求企业对外部环境具有灵活高效的反应，扁平化的管理结构可以通过缩短管理层级、提升管理智能化、扩大管理幅度来提高企业运行效率。

（2）管理模式自组织化

数字化转型使企业边界变得模糊，企业开始重视为员工赋权，偏向自组织形态的管理模式。新时代下，SaaS将作为一种技术手段去辅助人力资本管理的发展。管理处无须进行协调与资源分配，实现数字化转型的自组织化管理，企业内部管理边界变得模糊。在这一过程中，提高了内部沟通、决策审批等业务的工作效率。由于生产方式、价值创造模式发生了改变，企业的管理模式更加智能化、敏捷化、柔性化和服务化，组织分工更加明确合理。通过打造敏捷的自组织管理模式，建立快速反应、敏捷的组织架构，从而加速组织的决策及执行速度。

（3）管理方式数字化

数字化转型将优化产业管理方式。

- 数字化管理流程：基于数字化架构打通部门数据孤岛，实现管理流程的端到端流程化、数字化。管理协同软件、即时通信软件广泛应用于办公环境，能够提升组织管理协作效率，降低管理沟通成本，提高组织产出。
- 数字化管理决策：基于大数据、云计算、人工智能，分析产业内外部市场环境变化，预测产业可能面临的问题与挑战，从而为组织制定更为科学的决策。

（三）创新治理模式

1. 数据治理

（1）世界数字经济组织重塑全球合作

全球数字贸易一片欣欣向荣，对GDP的贡献甚至已超过金融和商品流动。数字贸易包括终端产品（比如下载的电影）以及基于或促进数字贸易的产品和服务（比如云数据存储和电邮等提高生产率的工具）。美国信息及通信技术服务（不含数字产品）的出口额已达数亿美元[⊖]。双边和多边协议开始更为明确地解决数字贸易规则和壁垒问题。比如，《美国—墨西哥—加拿大协定》（USMCA）及 WTO 内部就制定一份电子商务协议开展的多边讨论在某种程度上可以解决数字贸易壁垒的问题。更进一步，全球数字经济的发展直接催生了一个国际组织的诞生和发展，即世界数字经济组织（World Digital Economic Organization，WDEO），该组织于 2018 年正式授牌。它是在联合国框架下设立的为消除经济上的不平等、建立合理和公平的国际经济关系、实行有力的社会和经济改革及鼓励在世界数字经济发展方面进行必要的结构改革，从而建立一个正义和公平的经济和社会秩序的联合国 NGO 组织。

（2）数据确权制度

随着大数据应用产生的经济价值不断显现，学术界、商业界对于数据确权的问题产生了一些新的争议，如何在保护隐私和尊重价值发现的前提下明确数据的权属，成为亟待解决的问题。数据权利归属的界定具有区别于一般物权、知识产权和商业规则的特点，需要基于现有的物权、知识产权和商业规则，在发展"可用不可见"的数据匿名化处理技术的基础上，构建符合数据基本特征的权属法律体系。

数据确权具有以下几个特点：

- 个人隐私保护是界定数据权属的基本前提，必须在遵守法律的前提下尊重价值发现，引导信息技术和数据产业健康、有序发展。
- 数据的财产权不同于物权，对数据的支配具有非排他、非损耗的特点。对数据而言，物权中规定的各项权利集合被某一主体完全享有在大多数情况下无法实现，而是分属不同数据主体。
- 数据的知识产权仅限于采用独创技术收集、加工得到的数据。数据权利与知识产权有交叉之处，但两者不是包含关系。
- 需要强调数据的权责对等问题，权利要求方需要承担保障数据真实、有效的责任。

⊖ 美国国会研究服务局，《数字贸易与美国贸易政策》，2019

（3）数据安全与保护制度

为了促进数字经济健康发展，需要建立数据保护法律制度、权责明晰的安全责任机制，尤其要考虑到合理适度，既要避免法律缺失，数据被滥用，也要避免防护过度，抑制"数字经济"正常发展。因此，需要遵循以下两条基本原则。

- 数据有商业秘密属性的，可以通过现有的商业秘密规则予以保护，如《反不正当竞争法》等，解决部分权属问题。
- 数据的匿名化处理是解决商业数据权属的合理途径之一，能够在隐私保护和尊重价值发现之间取得平衡。

（4）数字产权交易制度

数字可以确权，那就相应地有数据资产概念，资产就可以交易。数字产权交易是指在取得数字产权拥有人的授权下，数字物权拥有人在国家许可的交易平台上自由交易其所拥有数字物权的一种市场行为。数字产权交易相比实物交易交易成本更低，如电子书比纸质书交易更便捷、外部交易成本更低。又如，数字货币交易可以加速货币流转，实现交易的便捷化。

数字资产在人们的生活中显得越来越重要，与此相对应的是各大数字交易所不断上线，如新加坡的 Bibei 交易所，该平台包括数字交易制度、数字交易的技术架构以及美国证监级别 IT 安全审计。

（5）数据跨境流动制度

数据跨境流动是经济全球化与数字化的伴生物。美、欧基于其政治、经济、法律传统等因素，在不同的历史背景下，发展出特色鲜明的数据跨境流动政策，可以作为一种制度设计的参考。

美国的数据跨境流动政策主要受到商业利益驱使，在国际上推行宽松的数据跨境流动政策。因此，在美国一般立法中，很少看到禁止或者限制数据跨境流动的明确要求。但在一些特定案例中，美国也留有一定的政策回转空间，例如，在针对外国投资的安全审查中，可以与外国投资者签订安全协议，而安全协议可能包括相关的数据本地化要求。关于数据本地化要求的落地，也通常会由 CIFUS 指定的特定政府部门来负责监督执行。

欧盟数据跨境转移政策主要体现在个人数据保护制度中，相应地，其实施机制也依附于个人数据保护执法体系。数据控制者实施个人数据跨境流动活动时，有三种合法方式：1）数据传输至"充分性认定"地区；2）例外场景（包括用户同意,或者执行合同需要等);3)充分保障措施,这考虑到了"例外场景"可适用场景少,不能为日常化、规模化的数据跨境转移提供稳定的合法性基础的问题。

2. 人才支撑

在数字化转型背景下,对数字化人才的需求异常旺盛。数字化研发、数字化生产、数字化管理等数字化转型的各个环节都离不开数字化人才的支撑。

一是数字化人才规模需求激增。目前高层次的数字技术人才供不应求。以人工智能领域为例,据《2017全球人工智能人才白皮书》显示①,截止到2017年6月,全球人工智能人才仅30万人,分布在产业界大概有20多万人,在高校学术界大概有10万人。全球共有大约370所具有人工智能研究方向的高校,从全球来看,每年输出的人工智能专业毕业生大概只有2万人,仅中国人工智能产业发展的人才缺口就已经达到了百万级。近期来看,这个巨大的人才缺口将严重制约产业数字化转型。调查显示,一半以上(54%)的企业认为,数字化人才缺口阻碍了公司的数字化转型项目发展,企业因缺乏数字化人才而失去了竞争优势。

二是数字化人才结构性转变。随着企业数字化转型的不断推进,企业对数字化人才需求不断升级,数字化人才的结构性短缺正成为阻碍企业数字化转型的主要障碍之一。据领英《中国经济的数字化转型:人才与就业》报告显示②,当前中国的数字人才主要集中在产品研发领域,占比高达87.5%,其次是数字化运营,占比约7%。大数据分析和商业智能等深度分析职位的占比只有3.5%左右,先进制造和数字营销职位的比例更低,不到1%。从数字人才的分析来看,大数据、商业智能、先进制造等领域仍然存在很大的人才缺口,这将从人才需求端拉动人才结构全面转变。

三是数字化转型倒逼社会就业升级及教育方式的转变。

- 数字化转型将冲击传统行业就业机会。随着人工智能、智能制造等数字技术的广泛应用,传统行业的就业机会,特别是劳动密集型行业的体力劳动岗位将大规模被机器替代,引发机器换人浪潮。麦肯锡估计,到2030年,在自动化迅速发展的情况下,全球约有8亿人、中国约有1.18亿人将会被机器替代。
- 新增就业促进就业结构升级。数字化转型催生了人工智能、大数据等新兴

---

① 腾讯研究院,《2017全球人工智能人才白皮书》,2017
② 领英,《中国经济的数字化转型:人才与就业》,2017

产业，倒逼传统低技能的劳动力向高技能劳动力升级，促进就业结构升级。据麦肯锡测算，至 2030 年，中国有 700 万～1200 万人需要转换职业。
- 就业形式多样化。数字化背景下，就业形式不再拘泥于传统的雇佣模式，而是会突破传统劳动力关系及社会保障制度。基于网络平台的灵活就业方式被广泛接受。
- 数字化转型对数字化人才培育提出新要求。从就业需求角度看，数字化人才需要进行数字战略管理、深度分析、产品研发、交付、数字化运营、数字营销等多维度的培养。既懂垂直行业专业技术，又懂数字化转型知识的跨界人才成为数字化转型背景下人才培育的新热点。

3. 可持续发展

世界环境与发展委员会（WCED）将"可持续发展"定义为在不损害子孙后代利益的前提下，满足当代自身需求的发展。德国全球变化咨询委员会在 *Towards Our Common Digital Future* 报告中指出：可持续发展必须抓住数字化带来的发展机遇，同时控制其风险。只有数字化巨变成功适应可持续发展，可持续转型才能成为可能。

（1）数字化基础设施与可持续发展

相比于传统的基础设施，数字化基础设施在给人类带来方便的同时，也会降低社会经济的运行成本，促进人类社会的可持续发展。通过基础设施设备的联网化，基于设备运营数据的采集、存储、分析可优化设施布局，提高设备的运行效率，降低设备能耗，并可进行预防性智能维护，提高设备运行稳定性，降低设备维护成本，从而提高全社会运行效率，降低全社会运行成本。例如，使用边缘计算和物联网平台连接的电梯，通过分析设备振动、能耗和温度数据进行预防性智能维护后，业务中断次数降低了 90%，运维成本降低了 50%。数字化基础设施与传统设施的数字化将显著提升能源利用效率和资源调度能力，不仅支撑数字经济健康可持续发展，而且为全球可持续发展带来新的机遇。

（2）数字化平台与可持续发展

平台各组织能更好地访问、分析和使用数据资源，帮助企业从单一的上下游延伸到相关领域，产业合作方式更加多元，实现了社会资源共享和集约化利用，助力可持续发展。基于云存储、云计算、APP 的平台服务使平台参与各方无须重复购买数字化设备，却能享受更稳定、更优质的数字化服务，平台支撑下的智能制造将极大提高劳动力生产效率，提高能源使用效率，减少二氧化碳等温室气体排放，实现绿色智能制造和社会资源集约使用。同时，供给方基于平台可直接触及需求方，省略中间商环节，提高服务效率，降低社会成本。如 Uber Freight、Convoy、Transfix 之类的新平台跳过了不必要的中介机构，提高了供应链的整体效率，从而降低了运输行业的成本和对环境的影响。

（3）数字化产业生态与可持续发展

产业生态圈突破传统供应链供需边界，将生产、科技、人才、金融等各维度资源极大地融合，打破传统封闭式的生产和运营模式，形成更加开放、共赢的合作模式，优化资源配置，实现社会可持续发展。基于生态圈形成的海量用户数据，使精准定位用户需求成为可能，进而指导产品设计研发，实现用户个性化定制，推动制造业服务化，从而减少盲目生产引起的资源、能源等要素投入，降低企业生产成本，减轻环境污染。产业生态圈的行业融合将引发产业组织形态向平台化、共享化方向转变，进而推动经济系统的可持续发展。以物流领域为例，共享运输能力已被表明是减少温室气体和其他排放物并减轻运输部门对气候变化影响的关键战略。共享仓库空间可提供更好的服务成本比，并通过提高落货密度来减少公路里程。

（4）数字化应用与可持续发展

智能制造是制造业数字化转型和应用的重要组成部分。未来智能制造将是我国实现制造业节能降耗、减少排放的重要途径之一。

- 高效方面，数字化技术能够增强工业装备与工艺流程的匹配程度和运行可靠度，提升环保设备运行效率。
- 清洁方面，数字化研发改善产品和工艺设计，从源头减少材料消耗；数字化生产能够精准管理物料，降低有毒有害原材料使用；数字化物流能够合理规划运输路径，减少燃油污染物排放。
- 低碳方面，通过数字化管理制造业耗能巨大的厂务系统，能够大幅降低厂内的恒温恒压环境维持、环保设备运行、设备冷却和压缩空气连续供应、消防和安全监测系统运行所需能源。世界经济论坛研究表明，2016～2025年间全球电力、物流和汽车行业通过数字化转型将分别减少158亿吨、99亿吨和5.4亿吨二氧化碳排放，这等同于同时间段内欧洲的排放量。在电力部门，如果智能设备计划和管理以及能量存储集成普及化，估计到 2025 年将减少高达 88 亿吨二氧化碳排放，创造 4180 亿美元的新价值。

（5）数字化新商业模式与可持续发展

数字化转型重新定义传统的商业模式，简化客户流程，更加强调自助服务，员工可以随时随地工作，员工之间的沟通更加高效，运营的透明度大幅提升，生产力随之提高，从而带来可持续性收益。比如在酒店行业和交通运输行业，数字化带来的变革是颠覆性的。Airbnb 是目前世界上最大的没有任何房地产的连锁酒店，Uber 是目前世界上最大的没有出租车的出租车公司。两家公司都有效地使用了云计算和移动设备，从而演化出全新的商业模式。当在全球范围内应用数字化时，它可以提供更好的客户服务，提高资源使用效率，进而使世界发展更加可持续。

数字化转型下的新商业模式能够为社会创造更多的、灵活的就业机会，促进社会的可持续发展。以滴滴出行平台为例，共享出行经济的发展，为下岗失业人员、去产能职工、复员转业军人、零就业家庭等创造了就业机会，同时也带来了新的就业模式。2018 年，滴滴出行平台在国内共带动 1826 万个就业机会，其中包括网约车、代驾等直接就业机会 1194.3 万个，还间接带动了汽车生产、销售、加油及维保等就业机会 631.7 万个。

4. 社会发展未来范式

信息技术的长远发展将从经济领域扩展延伸至整个人类社会，借助云计算、物联网、移动通信、人工智能等技术形成以人为中心的人类社会（人）-数字空间（机）-物理世界（物）三元融合，以人机物之间的信息共享和协同计算，实现可持续发展目标下的资源优化配置的未来社会发展范式。在这个新的社会形态中，每个人都将成为一个中心信息节点，围绕人的个性化需求，组织各项生产、生活和创造活动，在终身教育、社交休闲、购物娱乐、健康保健、衣食住行等方面享受更精准、更舒适和更高质量的服务。人与自然将和谐共处，机器也将从工具逐步上升成为伙伴，由此改变人类社会的形态和存在方式。谷歌公司在加拿大多伦多 Quayside 建立的"未来之城"是对人类社会发展未来范式的探索。覆盖整个社区的传感器将收集有关能耗、建筑使用方式、交通方式以及城市波动等数据，软件平台将对这些数据进行分析和管理，用于优化社区的电网性能监测和城市能源使用状况，实现城市空间、能源高效利用与可持续发展。

（四）"新基建"和数字经济新管理制度支撑

为满足全产业数字化转型需求，社会层面的"新基建"和发展数字经济的新管理制度将成为产业数字化转型的重要基石。新建施建设不但能够加快人工智能、工业互联网、物联网等领域的发展，而且能够促进制造业技术改造和设备更新，支撑新型服务业和新经济，同时拉动强基工程（新材料、新器件、新工艺和新技术）和新四基（自动控制和感知硬件、工业软件、产业互联网、云平台）的发展。同时，良好的制度环境和高效率的市场组织对产业数字化转型的成败和发展至关重要。制度具有降低交易成本、提供激励机制、为经济提供服务、为实现合作创造条件等基本功能，在技术创新中的作用巨大。

1. 新型基础设施

新型基础设施是指运用5G、光纤、云计算、物联网等先进的数字化技术手段，为社会生产和居民生活提供公共服务的物质工程设施，用于保证国家或地区社会经济活动正常进行的公共服务系统。数字化基础设施包括数字化交通、数字化邮电、数字化供水供电、数字化商业服务、数字化文化教育、数字化卫生事业等市政公用工程设施和公共生活服务设施。

（1）新型数字化基础设施

以5G、人工智能、工业互联网、物联网为代表的新型基础设施，本质上是数字化的基础设施。随着物联网推动的万物互联的发展，全球范围的网络连接终端数量大幅增加，数字技术与网络技术相融合，生成的数据呈现指数型增长，云计算、大数据、人工智能、物联网、区块链等新一代信息技术支撑的数字经济进入快速发展阶段。数字化基础设施的核心功能是实现"数字孪生"技术，即物理世界在虚拟环境下数字化表达。数字化基础设施发展的大趋势是硬件功能软件化，软件功能平台化，平台功能智能化。以数字化为核心的新型数字化基础设施建设将有力助推我国数字经济的发展。

（2）传统基础设施数字化

在数字经济时代，传统基础设施数字化改造也是数字化转型的重要内容。传统基础设施改造与数字化基础设施建设密不可分，应该既将二者视为存量和增量的关系，同时应注意到二者的融合和改造提升关系。例如，5G的建设尽可能共用

4G 的铁塔、光缆、电源、配套设施等；已经建成的高速公路网络利用 5G 和数字化技术改造成"超级高速公路"；在已经建成的能源骨干网络基础上，利用数字化技术实现分布式和智能化的能源系统升级；对城市的公共基础设施进行数字化改造，让传统公共设施在保留自身功能的基础上，实现空间、网络和数字资源共享，完成基于数字化平台的资源和功能整合。

2. 数字经济新管理制度

（1）政府治理模式

在数字化转型背景下，政府需要通过数字化思维、数字化理念、数字化战略、数字化资源、数字化工具和数字化规则等治理信息社会空间，优化政府服务水平，积极对接数字化技术，实现政府数字化政务转型，解决政府各部门"数据壁垒"阻隔，提升政务服务效率和质量，打造安全、共享、快捷的数字化政务服务模式。解决产业数字化转型中的政策性问题，协调产业内部存在的矛盾。通过数字化政务转型提升民众对政府的信任度，增强民众与政府的互动交流。

（2）技术伦理制度

新一代信息技术为产业升级带来了新的机遇，然而对于人类社会也提出了新的伦理挑战，完备的伦理体系约束是数字化转型的必要条件之一。

- 大数据引发隐私问题：大数据使个人信息透明化，个人隐私泄露、个人数据滥用、个人行为被预测等基于大数据所引发的问题需要伦理制度的规范。
- 算法歧视引发新的不公平：基于大数据、算法、云计算等技术实现的信息挖掘剥夺了个体公平获得就业、教育、信用、信息的机会，"大数据杀熟"即为此类不公平的典型。
- 人工智能引发安全伦理问题：如果人工智能不够安全，将对传统的伦理形成挑战。例如，人工智能汽车在驾驶途中的责任认定问题，对于紧急事件处理中的伤害选择问题。2019 年 6 月，G2O 贸易和数字经济部长会议通过了《G2O 人工智能原则》，提出了 AI 使用的基本规范。
- 人工智能引发就业公平伦理问题：面对人工智能对人类就业机会的取代，需要权衡是追求纯粹的效率，还是保证就业公平，这是新的社会伦理问题。如何把握技术、社会、经济的平衡关系，是技术伦理的核心问题，需要在合理的范围内使用技术，使技术更好地服务于人类。

第二章 Chapter2
产业数字化转型的贡献测算和评价体系

一、产业数字化转型对我国经济增长的贡献测算

(一) 对我国经济增长率的贡献

在 2001~2018 年间，信息通信技术（Information Communication Technology，ICT）资本存量对经济增长的弹性为 0.607，即每增加 1% 的 ICT 资本存量，经济增长率提高 0.607%。这显示出在统计考察期内，ICT 投资对我国经济增长率存在正面贡献。而且，与仅考虑资本和劳动力的情况相比，在数字化的作用下，ICT 资本存量弹性 0.607 与非 ICT 资本存量弹性 0.702 之和大于纯物质资本的弹性 0.811，表明 ICT 的投入提高了资本整体的回报。

在数字化转型过程中，劳动力数量的弹性为 -0.486，表明了纯劳动力数量的增加并不能为经济增长带来正面作用，而劳动力质量则表现出对经济增长正的弹性，也就是说在数字化转型过程中更应注重劳动力质量的提高而非劳动力数量的提高。

进一步，得到历年各生产要素对经济增长的贡献率分解，如图 2-1 所示。可以看到，ICT 资本对经济增长率的贡献呈现波动状，在 2001~2005 年我国 ICT 资本存量对经济增长率维持在较高水平，这个时期对经济增长的主要贡献来自 ICT 设备投入；而在 2006~2015 年，由于金融危机的影响，ICT 资本存量的贡献进入

调整期，ICT 对经济增长贡献率显著下降，2016 年，贡献值达到较低水平，即 3%；而在 2016 年以后又表现出 ICT 资本对经济增长的贡献率上升的趋势。至 2018 年，ICT 资本存量与非 ICT 资本存量对我国经济增长率的贡献逐渐趋近，这表现出数字化转型背景下，两种资本投入对我国经济增长贡献具有同等重要性。2018 年，ICT 资本存量对经济增长率的贡献率达到 63%。

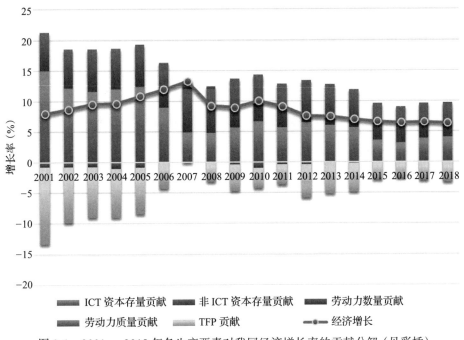

图 2-1　2001～2018 年各生产要素对我国经济增长率的贡献分解（见彩插）

（二）对我国劳动生产率增长的贡献

在对劳动生产率各要素的分解中，ICT 资本存量与非 ICT 资本存量是影响我国劳动生产率增长的主要因素，而劳动力受教育水平对劳动生产率的贡献甚微。ICT 资本存量对劳动生产率增长的贡献值在 2005 年达到峰值后在 2006～2016 年持续下降，在 2016 年达到 3.18% 的最低值，随后在 2017～2018 年表现为小幅上升，2018 年 ICT 资本存量对我国劳动生产率的贡献值为 4.1%，对劳动生产率增长的贡献率为 62.6%。这与 ICT 资本存量对我国总体经济增长率贡献的趋势大致吻合，表现出我国在数字经济发展中明显的阶段性特征，即 2005 年之前是一个信息化投入的快速增长期，该阶段 ICT 对劳动生产率的贡献主要来源于 ICT 产品生产需求拉动；2005～2016 年为调整阶段，处于 ICT 资本投入期；在 2016 年之后重新表现出 ICT 资本存量对经济的拉动作用，进入 ICT 资本深化与回报的初级阶段。2001～2018 年各要素对我国劳动生产率的贡献分解如图 2-2 所示。

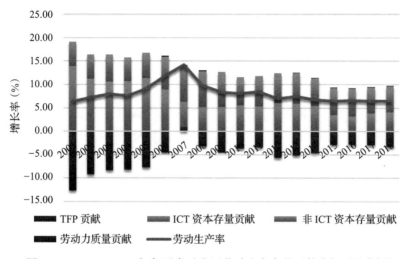

图 2-2　2001～2018 年各要素对我国劳动生产率的贡献分解（见彩插）

二、产业数字化转型投入对我国全要素生产率的贡献测算

2001～2018 年，ICT 资本存量和非 ICT 资本存量对我国 TFP 增长具有正面影响，两者的弹性分别为 1.137 和 0.533。其中，ICT 资本存量的弹性高于非 ICT 资本存量的弹性，表明 ICT 资本存量对我国 TFP 增长的重要作用。

从各要素对 TFP 贡献的分解图（见图 2-3）可以看到，自 2001 年以来，我国 ICT 资本存量对 TFP 增长具有显著的贡献，且其贡献的变化趋势与 ICT 资本存量对我国经济增长的贡献一致，近年来，虽然 ICT 资本对 TFP 增长贡献有所下降，但仍高于其他要素的贡献。2018 年，ICT 资本存量对 TFP 增长的贡献值为 7.5%；在正向作用的各要素中，ICT 资本存量对 TFP 增长的贡献率为 52%，高于非 ICT 资本的贡献率 29%。

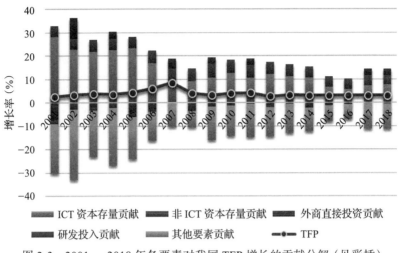

图 2-3　2001～2018 年各要素对我国 TFP 增长的贡献分解（见彩插）

三、产业数字化转型对美国经济增长的贡献测算

采用同样的方法，本书对 1990～2018 美国 ICT 资本存量对经济增长的贡献进行了测算，测算结果显示，函数通过显著性检验，sig 值为 0.000。各生产要素对经济增长的贡献不存在共线性，VIF 值均显著小于 10。方程的参数估计具有统计学意义。参数校准的结果显示，ICT 资本存量的弹性为 0.249，非 ICT 资本的弹性为 0.302，劳动力数量的弹性为 0.596，劳动力质量的弹性为 −0.147，且各弹性均通过显著性检验。

基于 ICT 资本对产出的弹性可以看出，每增加 1% 的 ICT 资本存量，经济增长率提高 0.249%。ICT 资本对美国的产出弹性值小于中国的弹性值 0.607，表明中国的 ICT 投入对产出拉动的效果更显著。另一个需要引起注意的数据是中美两国的劳动力数量弹性的差别，中国的劳动力数量的弹性为 −0.486，而美国的劳动力数量对产出的弹性则为 0.596，体现劳动力数量在美国经济增长中的重要性。

进一步得到美国 1990～2018 年各生产要素对经济增长的贡献，如图 2-4 所示。可以看到，美国 ICT 资本存量对美国经济增长的贡献与经济增长率的变化趋势较为一致。这可以分为三个阶段：1990～2000 年为经济增长和 ICT 贡献均较高的阶段，其中以 1997、1998 年 ICT 资本对经济增长的贡献最高，达到

125%；2001～2009年为美国经济增长和ICT贡献双双减缓、震荡下行的阶段，至2009年，经济增长率降至−2.6%，ICT资本对经济的贡献率也下降至−63%；2010～2018年为经济复苏和ICT贡献反弹上升阶段，虽然有所波动，但该阶段ICT资本存量对经济增长的平均贡献率达88%。2018年，美国的ICT资本存量对经济增长贡献率达74%，高于中国的ICT资本对经济增长的贡献率。

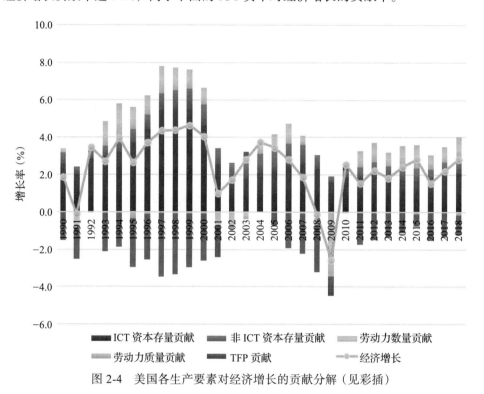

图2-4 美国各生产要素对经济增长的贡献分解（见彩插）

四、产业数字化转型能力的评价指标体系

根据产业数字化转型的战略框架体系，笔者总结了一套产业数字化转型能力的评价指标体系。整个评价指标体系的设计遵从定量分析和定性分析相结合、静态管理和动态管理相结合、宏观判断和微观评估相结合、专项评价和综合评价相结合的原则。研究构建产业数字化转型能力的评价指标体系，形成对各个产业数字化转型程度、转型能力和转型潜力的科学评价，有助于引导行业践行数字化发展战略、创新驱动意识，并为行业数字化转型发展、"十四五"发展提供科学参考。

(一）评价体系阐述

产业数字化转型不是单一技术路径，而是一项覆盖技术赋能、经济模式变革、社会约束、基础设施支撑的系统工程，即产业数字化转型水平及能力需要从技术、经济、社会、新型基础设施和新管理制度各个维度综合评价。基于以上认识，课题组确立了"4—13—39"的评价指标体系：技术、经济、社会、新基建和新管理制度4大维度；包括数字技术投入、数字技术赋能、产品服务迭代、用户体验创新、商业模式创新、战略决策创新、数字化供应链创新、平台系统能力创新、人才创新、数据治理、可持续发展、数字化基础设施和新管理制度在内的13项指标，以及39项细分指标（见表2-1）。

1. 技术维度

技术维度是指数字化技术对某一产业的赋能程度和能力。

- 数字技术投入：数字化技术在行业的整体投入水平，数字化支出占主营业务收入的比重。
- 数字技术赋能：基于云的数字化IT架构的程度，调整的难易度，数字层、平台层和物理层的数据打通和反馈程度；云计算、大数据、人工智能、移动化、物联网、区块链等数字化技术的应用程度、渗透力、深度，以及未来新一代信息技术的潜力应用场景和可能性。

2. 经济维度

经济维度是指某一产业在数字化浪潮下，经济模式的变革程度。首先是以产品服务迭代、用户体验创新、商业模式创新为代表的新业态创新；其次是以战略决策创新、数字化供应链创新为代表的新管理创新；最后是以平台系统能力创新为代表的新组织创新。

（1）新业态创新

- 产品服务迭代：在对产品和服务进行数字化管理的基础上，赋予其数字化特性，丰富数字化产品和服务，以及提供方式和渠道。
- 用户体验创新：用户体验便捷化、个性化、人性化、数字化、智能化、多样化；产品的全生命管理周期（PLM）为用户提供更多触点的数字内容。
- 商业模式创新：通过创新更多的盈利方式、渠道和客户关系，改变企业价值创造的基本逻辑，不断提升顾客价值和企业竞争力。

（2）新管理创新

☐ 战略决策创新：明确将数字化作为重要战略实施，确定数字化技术对创新商业模式和运用模式的驱动，明确数字化目标、投入、计划、组织、变革管理和绩效指标。

☐ 数字化供应链创新：基于数字化平台，构建数字化供应链网络，通过数字化技术完成从采购到交付的端到端的数据信息传送，持续优化创新设计、新品测试、库存优化、物流透明、质量追溯、服务延伸，改进内外部仓储和物流网络，优化和创新供应链结构和生态关系，实时分析，并持续性实时改进优化。

（3）新组织创新

☐ 平台系统能力创新：行业从平台战略出发，构建内外创新生态系统，对外构建完整合适的外部资本、技术和技能等生态关系，支持业务模式的创新和运营的改善，具备事业共建、利益共享的外部多边合作关系，持续创新动力来源于生态环境洞察和反馈。

3. 社会维度

某一产业受社会约束的程度以及其破解这些约束的能力和水平，包括数字化人才团队的建设能力、数据治理能力和可持续发展能力。

☐ 人才创新：数字化人才团队应具备快速学习迭代能力，能快速定位和获取转型所需技能和知识，快速自适应变化、快速交互，实现以数据驱动。

☐ 数据治理：能确保数据存储、传输和使用安全，注重数据隐私，优化数据标准的管理，提升数据合法性、合规性，进一步提升数据质量，减少系统资源浪费。

☐ 可持续发展：行业企业运营可持续，符合科技时代潮流，产品服务的全供应链管理透明化、绿色化，在产品降低能耗、减塑化方面有成效。

4. 新型基础设施和数字经济新管理制度维度

新型社会基础设施对某一产业的支撑力度，包括数字化基础设施（如5G、通信设施等）对产业的影响和颠覆作用、拥有行业特性的新型基础设施的建设程度和难度、基础社会制度（如产权等）对产业的支撑或制约程度。

- 数字化基础设施：着眼未来，数字化基础设施已成为行业数字化转型发展的重要支撑，包括云平台、操作系统、开源平台、工业互联网等。
- 数字经济新管理制度：底层的基础制度是保障，能够提高资源配置效率，推动转型进度。

（二）评价指标体系框架

根据数字化转型进程中主要活动的差异，表 2-1 中的不同指标代表了产业在数字化转型过程中所处的阶段，也是产业数字化转型活动评估的依据。

表 2-1　产业数字化转型能力评价指标体系

序号	维度	指标	细分指标
1	技术	数字技术投入	数字化技术投入／支出
2		数字技术赋能	数字层对物理空间的映射度
3			平台层对数据存储和计算能力
4			物理层对数据采集、传输和执行能力
5			核心数字技术的应用成熟度及潜力
6	经济（新业态）	产品服务迭代	产品／服务数字化率
7			产品／服务迭代速度
8			产品包／服务包创新程度
9		用户体验创新	用户支持度和净推荐值
10			敏捷柔性化需求的满足程度
11			定制化个性化体验度
12			体验渠道创新
13		商业模式创新	数字化带来的新业务收入规模
14			数字化对业务效率的提升比率
15			新模式对行业规则的颠覆影响程度
16	经济（新管理）	战略决策创新	数字化战略高度
17			战略执行力度
18			数字化变革管理创新
19			数字化绩效指标
20		数字化供应链创新	产业链上下游链接度
21			新品上市周期
22			仓储和物流网络效率
23	经济（新组织）	平台系统能力创新	行业平台统筹／使能能力
24			行业平台竞争程度
25			内外部生态系统能力

(续)

序号	维度	指标	细分指标
26	社会	人才创新	劳动力吸引力
27			员工净推荐值
28			员工数字化技能
29			人才的可持续发展能力（转岗能力）
30		数据治理	数据隐私
31			数据标准管理度
32			数据治理程度
33		可持续发展	绿色供应链程度
34			产品全生命周期绿色闭环
35			减塑化和降耗值
36	"新基建"和数字经济新管理制度	数字化基础设施	基础设施对行业数字化发展的支撑度
37			行业带动新型基础设施的建设率
38		新管理制度	权属关系／产权关系明确度
39			基本制度对行业发展的支撑／制约

本书对产业数字化转型各个指标所处阶段各分为4个等级：1级—起步级，企业具有数字化转型的意愿，已开展单点局部的数字化改造项目；2级—发展级，企业开始打通不同部门、环节的数字化架构，实现数字化集成；3级—提速级，企业利用数字化架构和数据积累，指导产品全生命周期各环节；4级—成熟级，企业实现数字世界和物理世界的完整映射，全面优化企业效率、效益、效用（见图2-5）。基于此数字化转型指标的等级划分标准，对表2-1所列13项指标分别给出了各级别的衡量标准，见表2-2。

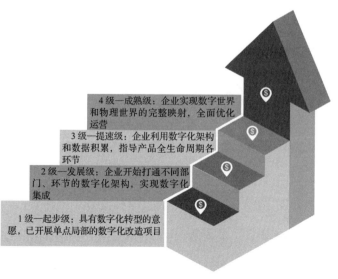

图2-5 产业数字化转型阶段划分

表 2-2 产业数字化转型能力评价体系衡量标准

维度	指标	级别	衡量标准
技术	数字技术投入	1	数字化投入以局部数字化改造为重点，如物流子系统的数字化改造
		2	数字化投入实现企业内部跨部门的纵向集成，消除企业内部信息孤岛
		3	数字化投入实现企业间横向集成，实现跨企业、跨领域的数据和信息协同
		4	数字化投入实现物理层、数字层、平台层、应用层的数字化架构，实现数字世界和物理世界的完整映射，具备数据价值创造、知识发现的技术能力
	数字技术赋能	1	基于单点环节的数字化优化流程，带来成本效益提升
		2	通过数字化实现企业信息集成化；实现内部资源优化配置
		3	实现产业链上下游资源优化配置；形成基于数据、平台化的产业生态
		4	基于数据闭环，实现知识自动化，行业业态、商业模式加速迭代
经济（新业态）	产品服务迭代	1	设立产品服务部门，通过信息化手段管理产品运维信息，并把客户服务信息反馈给相关部门，指导产品过程提升
		2	形成规范的产品服务制度，产品具有存储、网络通信等功能，建立产品故障知识库，可通过网络和远程工具提供产品服务，并把产品故障分析结果反馈给相关部门，持续改进老产品的设计生产，并为新产品设计生产提供基础
		3	产品具有数据采集、通信和远程控制等功能，通过远程运维服务平台，提供在线检测、故障预警、预测性维护、运行优化、远程升级等服务，通过与其他系统的集成，把信息反馈给相关部门，持续改进老产品的设计生产，并为新产品设计生产提供基础
		4	通过物联网技术、增强现实/虚拟现实技术和云计算、大数据分析技术，实现智能运维和创新性应用服务
	用户体验创新	1	具备基于数字化技术改进用户体验的愿景
		2	能够通过个性化定制平台实现与用户的个性化需求对接

（续）

维度	指标	级别	衡量标准
经济（新业态）	用户体验创新	3	能够应用工业云和大数据技术对用户的个性化需求特征进行挖掘和分析，并反馈到设计环节，进行产品优化；获得比较高的用户支持度和净推荐值
		4	个性化定制平台能够实现与企业研发设计、计划排产、柔性制造、营销管理、供应链管理和售后服务等信息系统实现协同与集成；实现敏捷柔性化生产
	商业模式创新	1	—
		2	—
		3	以数字化的产品（服务）和销售模式来提升企业价值创造，行业规则被数字化技术大幅改变，数字化业务收入占比较大
		4	数据成为产业核心竞争力，用户需求成为产业价值创造的驱动力，创造新的业务模式、变现模式、经济效益
经济（新管理）	战略决策创新	1	产业内企业开展数字化转型的战略规划
		2	数字化战略进入实施阶段，并建立明确的数字化资金管理制度
		3	数字化战略成为产业发展的核心，数字化推动组织发生变革，组织结构得到优化
		4	数字化战略为组织创造了更高的经济效益，创新管理战略为组织带来了新的业务机会，产生了新的商业模式；企业基于数据形成智能决策能力
	数字化供应链创新	1	具备一定的信息化基础来实现供应链业务关系；实现供应商管理、比价采购、合同管理
		2	实现企业内部采购系统与生产、仓储管理系统的集成
		3	实现采购与供应、销售等过程联合，与重要的供应商实现部分数据共享，能够预测补货
		4	研发使用赋能数字化供应链的创新技术，基于云、移动与社交等技术打通信息渠道实现供应链节点全程协同管理；实现库存量可实时感知，通过对销售预测和库存量进行分析和决策，形成实时供应链协同；能够智能优化供需关系
经济（新组织）	平台系统能力创新	1	尚未出现行业平台，行业内企业初步具备使能能力；使能企业开始建立内部生态系统，但外部生态系统还处于萌芽状态

（续）

维度	指标	级别	衡量标准
经济（新组织）	平台系统能力创新	2	出现多个行业平台，具备一定的使能能力；行业平台在各自领域扩展，平台间不存在明显的竞争关系；内部生态系统快速发展，外部生态系统开始成长
		3	行业平台统筹能力和使能能力显著提升；平台间业务领域交叠，竞争激烈；行业内部生态系统发达，外部生态系统快速发展
		4	行业平台发挥较强的统筹作用和使能作用；综合性平台收缩至2～3家，小微型细分专业平台涌现；内部生态系统完备，趋于均衡稳定，外部生态系统配套较好
社会	人才创新	1	产业有数字化人才需求
		2	产业数字化人才需求强劲，供不应求；领域内数字化人才鸿沟凸显；数字化管理仍由CIO负责
		3	数字化人才需求基本得到满足；员工掌握了数字化的必备基础知识，具备一定技能水平；企业设置CDO岗位
		4	CDO具有实际运营管理权限，对企业数字化战略规划具有较大影响力；对行业内、外人才均有较强的吸引力；员工全面掌握专业的数字化技能，形成快速迭代能力；为员工提供持续的数字技能培训
	数据治理	1	—
		2	—
		3	企业保证数据存储、传输的安全性，各行业尚未形成数据标准化采集模式，数据隐私尚未得到有效保护
		4	形成行业数据中心，以专用通信通道保障数据安全，对行业数据出台规范化管理标准，出台具有法律效力的数据隐私、数据安全保护条例，形成各行业数据采集、存储、交易、使用规范
	可持续发展	1	各行业内企业初步具备以数字化转型带动企业可持续发展的理念
		2	行业内部分企业形成以数字化转型为途径的可持续发展战略规划，并部分实现供应链、产品全生命周期的数字化信息采集、管理；实现能耗、排放等环境污染物排放数据的采集、管理

（续）

维度	指标	级别	衡量标准
社会	可持续发展	3	全面以数字化手段实现供应链、产品全生命周期的信息协同；对所有环境污染点进行实时在线监控，监控数据与生产、设备数据集成，对污染源超标情况及时预警
		4	基于数据闭环和大数据分析，实时智能优化供应链协同、产品全生命周期管理；建立绿色生产和环境保护治理模型，实时优化环保方案并执行
"新基建"、新管理制度	数字化基础设施	1	各行业、各领域形成数字化基础设施建设的理念与愿景
		2	以5G、云计算单点推进的形式开展数字化基础设施建设和传统基础设施数字化转型，开始建立数字化基础设施对行业数字化发展的支撑
		3	各行业、各领域形成各自的数字化产业互联网平台和数字化基础设施网络，实现对行业数据的实时采集、存储、分析
		4	全面建成智慧城市，打通各行业、各领域数据互通互融，实现万物感知、万物互联、万物智能，优化社会运行效率
新基建、新管理制度	新管理制度	1	—
		2	国家出台数字化转型相关发展设计方案，但制度落后于市场数字化转型发展需求
		3	出台数字化转型发展规划，形成对各行业、各领域数字化发展的前瞻性指导
		4	国家颁布数字经济发展战略和产业数字化转型布局；在财税、教育、贸易等领域形成细分的配套支撑新管理制度；以法律的形式规范数据权属关系/产权关系，出台数字经济法；政府具备适应市场数字化转型的快速适应能力

（三）基于评价体系的数字化转型的阶段判断

基于以上定性与定量相结合的指标评价体系，数字化转型发展的愿景应是"未来产业"，包括未来制造、未来能源、未来交通、未来医疗、未来服务等。以"未来制造"为例，"未来制造"是指借助新一代信息技术对制造各流程环节赋予新的模式，为产品（含服务）嵌入新的功能，通过平台集成制造、产品、运营等相关服务，实现每一个制造环节、每一项产品都变成一种"包"的集成。其中蕴含三层含义：一是未来制造业不再是纯粹的生产企业，而是消费导向的企业；二是"未来制造"一定是以平台为核心的，一切与制造运营相关的活动均可以在平台上得到反馈；三是"未来制造"将会重新定义制造业和服务业，而且会重新定义用户市场、供应链，以及所有的制造和商业的运营和服务。数字化转型在其中将发挥关键性作用。

数字化转型的发展阶段分为数字化转型 1.0 阶段、数字化转型 2.0 阶段、数字化转型 3.0 阶段和数字化转型 4.0 阶段。4.0 阶段即"未来产业"愿景。目前整体产业还处于数字化转型 1.0 向 2.0 阶段迈进的阶段。

| PART2 | 第二篇

总报告之实践篇

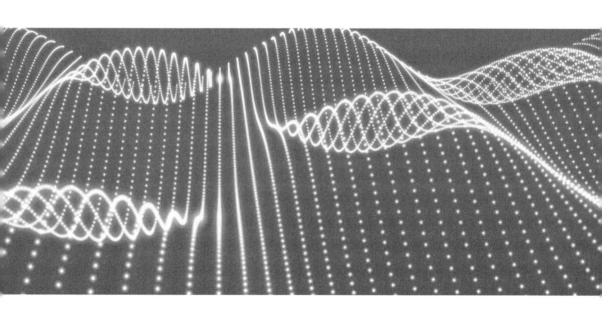

第三章 Chapter3
国际产业数字化转型的实践

一、不同国家产业数字化转型的典型战略

(一) 德国

当前,在世界范围内,经济、社会的数字化转型正在加速进行,为了保证在本轮转型进程中始终站在全球的先进行列,德国政府采取了以下战略。

一是持续的国家战略和政策引导。2014年8月,德国颁布了《数字纲要2014—2017》,为数字化、智能化建设部署了战略方向,具体体现在扩大高速宽带网络覆盖、促进数字化经济、开发政府创新管理服务、提高全民数字化素养、加强重要项目研发投资、保证互联网的安全使用、积极参与和欧盟及国际合作七大行动领域;2014年9月,德国印发了《数字化管理2020》,制定了未来管理的框架条件,利用数字化的潜力实现有效、透明、公开、共享、对公民和企业友好型的管理服务,同时保障联邦政府信息技术的自治和处理能力,实现安全的管理通信;2014年冬季,德国又出台了高新科技战略,确定未来六大研究与优先发展的创新领域,其中数字化经济社会是重中之重;2015年3月,德国发布了《数字化未来计划》,涵盖包括"工业4.0"平台、未来产业联盟、数字议程、重新利用网络、数字化技术、进军数字化和经济领域的信息技术安全等12大支柱。

2016年3月，在德国汉诺威博览会上，德国政府发布《数字化战略2025》，该战略也是目前影响较大的一个战略，强调利用"工业4.0"推动德国的生产作业现场现代化，并带动传统产业的数字化转型；提出了跨部门、跨行业的智能化联网战略，建立开放型创新平台，促进政府与企业的协同创新，并大力支持数字化教育，要创建一个以数字化技术培训为内容的现代化职能中心。同时针对本国劣势，明确了十大步骤，主要有打造千兆光纤网络，拓宽"数据高速公路"；开创新的创业时代，包括支持初创企业，为其融资提供便利，促进初创企业与成熟企业合作；明晰政策框架，为数字市场的创新和投资提供更多的法律保障和引导，保障企业作为数字化项目主体的自由发展空间，同时维护所有数字商业模式公平竞争的环境等。

德国政府于2018年11月发布"建设数字化"战略，提出建设数字化能力、数字化基础设施、数字化转型创新、数字化转型社会和现代国家五大行动领域，强调政府部门各自的数字化转型的工作重点，以加强部门间协同和与学界、业界的合作。2019年3月，德国政府更新2018年推出的数字化战略，首次明确并公开其数字化战略的具体目标，提出9项任务，包括加强德国联邦与地方政府及欧盟机构间的数据管理，建立新的信息技术系统打击非法渔业，建立双元制职业教育数字资源交换平台，建设"数字德国"项目以了解不同人群的数字化能力，推进"创新办公数字生活"激发创新潜能，建设安全高效的政务网络基础设施，数字化发布法律法规，加强公检法机构间的数据交换以及建设"非洲云"为当地提供就业培训。

二是德国主要以"工业4.0"为核心开展数字化转型行动，并重点依托工业互联网平台和龙头企业的自我实践去推动。制造业是数字化转型表现最好的领域。德国工业4.0平台的总体布局是政府统筹，标准架构先行，西门子、博世等工业综合体巨头与协会推动，中小企业广泛参与。德国在原有的协会制定的工业4.0平台基础之上，设立了国家级的新工业4.0平台，形成了顶层的推动组织和机制，加上以西门子、博世等为龙头的平台企业的充分实践，形成了从上至下的顶层设计、分层推动的"系统优化"体系，目标是把中小企业群打造成一个"万物互联、数字孪生"的CPS整体，组团出海。德国作为一个老牌工业制造国，中小企业占德国企业总数的99.7%，企业净产值占全国的一半，且中小企业承担了德国就业人数的60%。德国在国际竞争中依赖微观中小企业群体的发展，因此在云服务平台建设时强调生产侧赛博机制的打造,强调"纵向、横向、端到端"3 大集成的推进。总体上看,德国工业和 IT 业(包括软件和硬件)领先企业是"工业 4.0"计划的积极倡导者和实践者,为"工业 4.0"计划的落实提供了资源保障和试验场。除此之外,德国物流运输行业数字化成熟度较高,能源、媒体娱乐、教育、服务业也是德国数字化转型进展较快的产业领域。德国能源业的数字化被称为史上"规模最大的国家 IT 项目",涉及音乐和娱乐产业以及整个创意产业,还包括银行业和旅游业等,数字化已经迈出坚实步伐。

三是数字化技术带来组织方式和商业模式的变革,对经济运行方式提出新的变革需求。尤其是以西门子、博世等为龙头的平台企业正在颠覆传统商业模式和组织方式。(新经济变革)工业互联网平台体系是工业全要素、全产业链、价值链连接的枢纽,是实现制造业数字化、网络化、智能化过程中工业资源配置的核心,由于工业体系的专业性与复杂性,目前工业互联网平台商业模式仍然侧重传统工业方式和企业用户,强调面向特定场景的个性化服务,其商业价值主要集中在个性化实施,包括基于平台的强大处理能力的专业服务和咨询服务,围绕资产运维、能耗优化等领域的托管服务和功能订阅。同时,工业数字化转型将数据贯穿始终,从而有效推动全生命周期管理的模式,以及制造业、服务业的深入融合,并在这一过程中不断产生新的商业模式和组织方式。西门子在中国推出了多种数字化解决方案,其中涉及很多环节,根据客户需求,可以组合成不同的模式,比如单纯提供对生产线的数字化改造,那么西门子就是数字化车间的提供者。如果涉及前期咨询服务、方案设计到后端执行等全流程,则为全价值链数字化解决方案,其中蕴含了不同的商业模式和组织方式,这些都是在数字化进程中出现的。同时,在文化创意产业中,借助数字化技术及方法已经实现了生产力大规模提升,创造了许多全新的商业模式。它们开发了新的流程和产品,拓展了新市场,建立了新型的合作伙伴关系。

德国博世和西门子的数字化实践

1. 博世公司的工业 4.0 实践

博世是工业 4.0 的重要发起者之一,在工业 4.0 领域拥有领先地位和独到优势。依靠博世在机械设计商、制造商及机械和工厂运营商等领域所积累的经验，以及全球超过250家工厂储备的广泛制造知识，博世成为工业4.0的领军企业和工业4.0方案的提供者，从硬件、软件至服务提供一体化、一站式的产品与解决方案。博世在全球范围内开展了大约100个与工业4.0相关的试点项目。博世的工业4.0平台主要从两条路线平行推进：一方面通过加入各种产业联盟和平台，积极加强外部合作；另一方面则在企业内部建立了分步走的工业4.0路线，向着工业云平台发展。

2.西门子的工业4.0实践

凭借全集成自动化（TIA）和"数字化企业平台"，西门子稳居信息技术集成领域的领导地位。西门子公司还与德国弗劳恩霍夫研究院以及大众汽车公司合作，通过利用产品生命周期管理软件（PLM）进行虚拟生产规划，将生产线上机器人的能耗降低50%。西门子强调"数字孪生"是云服务平台的基础，即通过充分利用物理模型、传感器更新、运行历史等数据，集成多学科、多物理量、多尺度、多概率的仿真过程，在虚拟空间中完成映射，从而反映相对应的实体装备的全生命周期过程。

四是从技术驱动上看，德国数字化技术驱动力主要是以"工业4.0"架构为核心（新技术赋能）。德国"工业4.0"架构的核心理念是，深度应用信息通信技术，推动实体物理世界和虚拟网络世界的融合，在制造领域形成资源、信息、物品和人相互关联的"信息物理系统（CPS）"，从总体上掌控从消费需求到生产制造的所有过程，实现互联的工业和高效的生产管理。工业互联网作为"工业4.0"的重要平台载体，在实践中已形成了两大阵营，一是欧美阵营，一是日本阵营。以美国、德国等为代表的欧美阵营重视商业模式的变革，平台从框架体系出发，重视自上而下、自外而内的推动，注重协议标准、数据集成和批量化应用，认为IoT的意义在于连接"现场"与"企业经营"，目前还是互联网企业为主导。整个平台是基于企业级IT/云计算优势打造的，数据流IoT必须得到企业级IT系统的支持，帮助更好地实现"大规模定制（Mass Customization）"，进而带动商业模式的创新（见图3-1）。以人工智能、云计算、区块链为代表的数字化技术在德国进展较快，德国联邦政府在2019年9月发布区块链战略，其中包括重点支持数字技术的创新以

及数字政务服务等领域的技术应用。

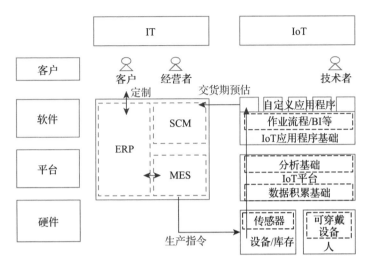

图 3-1 德国发展工业互联网的模式和路径（欧美阵营）

来源：数字化转型课题组，2019.11

五是德国数字化基础设施严重落后于经济社会数字化需求（新型基础设施）。基础设施是释放数字化转型潜力的前提，新型的销售模式和流通流程、物联网、自动驾驶和工业 4.0 均要求广泛的即时交流，且数据传输速度必须在千兆级以上。2018 年经合组织（OECD）成员国的光纤覆盖排名中，日本和韩国近 80% 的网络连接实现了光纤覆盖，而德国却只有 2.1%，排名倒数第六，比经合组织平均水平线低 20%。德国历次的国家战略和政府文件中均提到加强，以光纤网络为重点的数字化基础设施，但是建设进度依然远远落后于数字化转型需求。"数字战略 2025"提出打造千兆光纤网络，拓宽"数据高速公路"，但是德国距拥有高效传输能力的数字基础设施还有一段距离。

六是以"二元制教育"为主的人才教育体系和严格的数据治理对德国的数字化转型战略有很好的支持（新社会制约）。在数据治理方面，德国致力于使人处在数字化转型的中心位置，避免让技术凌驾人类，重视处理"数据道德准则"问题；同时不断加强数据安全，发展数据自主权，德国正在探讨制定针对信息安全缺陷产品责任规则和软硬件制造商安全目标的法规，提高每个企业的数据安全水平。根据德国数据能力和关键实力的国际对比制定数字地图集，将欧盟数据保护法规关于消费者与经济利益平衡的内容纳入国内法，确保欧美隐私安全法可以保护个人、企业和国家的隐私。在数字化人才方面，德国数字化职业技术人才主要来自其实行二元制教育的职业学校，二元制教育即学校理论知识的学习与工厂的实践操作相结合的教育模式，这种教育方式能够有效保证数字化人才始终面向市场需求，提供有力的人才保障。

（二）美国

美国是全球最早布局数字化转型的国家，多年来持续关注新一代信息技术发展及其影响，在数字化转型过程中，主要采取了以下战略。

一是持续、多领域的政策引导和支持。2012年5月，美国白宫发布了一项数字化战略计划，主要目标是抓住数字化机遇，建立21世纪的平台，从根本上改变联邦政府为内外部客户提供服务的方式，并鼓励全民创新。在此基础上，以信息为中心建设共享平台、以客户为中心建立安全隐私平台为原则，美国政府采取了一系列配套措施来加速其数字化战略落地。以先进制造战略发展为例，美国联邦政府及各州政府在研发预算支持、智力支持、贷款支持、税收优惠等方面给予强有力的政策支持，以增强制造业的创新能力及全球竞争力。同时，美国政府进一步聚焦大数据和人工智能等前沿数字技术领域，先后发布《联邦大数据研发战略计划》《国家人工智能研究和发展战略计划》《为人工智能的未来做好准备》《美国机器智能国家战略》，构建了以开放创新为基础，以促进传统产业转型为主旨的政策体系，有效促进了数字化转型的发展进程。为引导实体经济复苏，金融危机后美国继续再工业化，先后发布《智能制造振兴计划》《先进制造业美国领导力战略》，提出依托新一代信息技术等创新技术，加快发展技术密集型的先进制造业，保证先进制造作为美国经济实力引擎和国家安全支柱的地位。

二是以制造业为重点，保护美国日益增长的数字化制造优势，同时美国在能源数字化（智能电网）、数字化教育、数字化医疗、数字化文化创意（媒体、电影、娱乐）等方面领先全球。2017年12月，美国数字化制造与设计创新机构（DMDII）发布2018年战略投资计划，提出四大焦点技术领域，这些领域从侧面反映出当前美国制造业数字化转型过程中的重点和难点。一是设计、产品开发及系统工程，主要是将线性、基于文本的产品开发过程转变为动态的、数字化的、以模型为中心的生态系统，实现向以模型为中心的业务实践的转型。二是未来工厂，未来工厂应能不断适应由于材料、制造工艺、自动化工具的创新驱动所引起的快速变化的市场需求，并不断适应客户在追求新技术、定制化、复杂性方面日益增长的需求。未来工厂的特点是，不管成本和周期的影响，小批量和定制化将成为常态。三是敏捷、弹性供应链。面对机会的快速响应能力取决于供应基础的灵活性。快速响应性意味着一个供应网络的及时反应能力。这一能力的有效集成意味着它是可组合、可配置的，具有透明、完整的信息流。核心目标是宣传数字线索、数字孪生等新技术的发展前景。四是制造业赛博安全。这方面的措施包括开发技术来管理传统制造系统和生产设备的网络安全；设计和部署评估工具和方法；开发能够为中小型制造企业提供赛博安全服务的技术，并为赛博安全服务提供商进行认证；提供一种协作机制，例如建立一个用于知识/数据共享/威胁共享的行业联盟，整合行业需求，共享关键数据。整体上，数字化制造技术发展增加了该领域受攻击的可能性，同时，数字化制造技术也是美国打造经济优势过程中的重点目标领域之一。

美国一直是发展智能电网的积极倡导者，于 2011 年最早提出了智能电网的概念，即利用数字化技术改善电力系统的可靠性、安全性和效率，达到系统操作、维护和设计的多重优化。到 2016 年年初，美国能源部已投资超过 45 亿美元用于电网现代化，其中 33 亿美元用于智能技术部署，又投资 66.85 亿美元用于智能电网区域和能源存储示范项目。此外，数字化教育在美国也启动得很早，20 世纪 90 年代末，一对一的学生计算机首次被引入美国的 K-12 学校。美国前总统奥巴马在 2013 年宣布了"连接倡议"计划。该计划旨在将美国 99% 的学生与互联网连接起来，确保以数字连接支持在美国课堂中的创新，并给予教师转变教与学所必需的技术支持。高品质的数字化学习内容、清晰直观的大数据分析、灵活便捷的课堂教学互动、翻转课堂等数字教育模式颠覆了传统教学。在数字农业方面，美国也走在前列。从设备自动化到数据收集和分析，数字化农业发展已经成为美国农场生活的现实。美国农民依靠自动耕地技术、物联网技术、大数据、人工智能、自动控制系统等数字技术，正在实现向"数字农民"的转型。此外，美国在数字化医疗、数字化文化创意（数字化媒体、数字化电影、娱乐）等方面也已有大量的企业和解决方案应用案例。

三是美国技术赋能能力处于领先地位。美国作为云计算、物联网、大数据、人工智能等新一代信息技术的技术发源地，拥有很大优势。美国一直引领着人工智能基础研究的前沿，政府机构持续推动人工智能的发展与应用。2019年2月11日，美国总统签署了13859号行政命令，发布国家人工智能战略，以维持美国在人工智能方面的领先地位，人工智能技术发展上升到了国家级战略的高度。总体而言，美国已经建立起相对完整的研发促进机制，并且开始将人工智能运用到军事领域。美国作为第三次人工智能浪潮的发源地，拥有大量人工智能人才，掌握着全球互联网商业市场的命脉，在大数据即将井喷的5G时代保持足够的优势；同时，美国拥有亚马逊、微软、苹果、谷歌、Facebook、Adobe、戴尔等全球数字企业巨头，以及以VMware、Pivotal等为代表的大量创新IT独角兽企业，在云计算、数字技术创新等数字技术产业领域都占据领先地位。

戴尔科技集团的数字化转型赋能能力领先全球，并深耕中国市场

戴尔易安信、VMware和Pivotal公司集合技术优势强势联合，以灵活、丰富的云计算产品组合共同为中国企业提供完整的数字化转型解决方案。

戴尔科技集团能够提供从边缘计算、核心数据中心到云计算的创新产品组合与解决方案，涵盖商用终端、现代数据中心、存储、超融合、云计算、人工智能、物联网等关键技术领域。凭借在这些领域的领先技术与创新实践，戴尔科技集团助力中国企业运用不断演变的技术实现数字化转型。

同时，戴尔聚焦前沿技术，用新技术、新方法、新思路去改造企业的IT架构。戴尔不仅提出了多云战略、多层战略、软件定义等领先的思路，而且对物联网、人工智能、AR、VR等技术的应用也已经落到实处。

除了技术引领，戴尔在产品和垂直行业领域也取得非常好的市场和品牌形象。比如，戴尔的产品PowerEdge MX是面向软件定义数据中心的模块化基础设施，进一步扩展其业界领先的PowerEdge服务器产品组合。该产品的特点是让客户能够根据自身需求灵活配置并优化其IT架构，从而更好地响应不同的应用和需求。在教育领域，戴尔充分利用在混合云、人工智能以及VR/AR领域的技术优势，帮助行业用户构建面向未来的教学IT基础架构，并通过搭配VR/AR创作模块、人工智能模块及使用虚拟化技术，推动教育信息化与智慧教育的快速发展。

四是在云计算、云服务背景下，美国巨头企业主导的各种模式一直引领着全球数字经济新商业模式和组织管理。自 2006 年亚马逊 AWS 发布了第一代 IaaS 服务以来，整个 ICT 高科技产业处在一场重大的商业模式变革中——从产品销售向订阅服务转型，而企业客户在采购时也从直接购买产品和解决方案转向租用技术服务的模式，从整个行业来看，传统技术商业模式逐渐终结。后来，微软 Azure、Google Cloud 等也不断加深向 IaaS 和 PaaS 的转型。IaaS 和 PaaS 就是 IT 和互联网公司将 IT 资产（软件、硬件和网络等）的运营方式转换成集中管理、集中运维，并通过互联网门户的方式以按需使用、按用量付费的模式向客户提供服务。包括现在被看好的基于云原生应用的开发运维管理 DevOps 等全栈管理服务 Managed XaaS 带来的商业模式变革、组织管理变化，都是在美国出现并引领全球的。此外，Adobe 也从提升客户体验出发，聚焦于数字营销领域，在云服务时代开拓了新的商业模式。

五是各种条例和方案的出台表明美国在数据隐私、数据合规性和数据治理等方面的政府监管愈加严厉。同时，美国在数字化人才的储备和培养方面领先于其他国家。2018 年，美国加州通过消费者隐私法案（CCPA），该法案于 2020 年 1 月生效。类似于欧盟的法案，CCPA 将对所有和美国加州居民有业务的数据商业行为进行监管。2019 年初，美国权威科技创新智库信息技术与创新基金会发布了《关于美国数据隐私立法的最佳方案》。美国和欧盟的治理路径差异主要表现为三个方面：一是数据处理原则究竟是事先同意还是事后拒绝原则——欧盟主张企业在收集个人数据时，要事先征得个人同意；而美国认为，企业在事先收集数据的时候不需要征得个人同意，但在后续使用和销售的过程中，要给予个人事后拒绝的权利；二是数据跨境流动过程中，欧盟主张抬高他国数据管控基线，而美国则强调降低他国数据管控基线；三是欧盟主张数据存储本地化，而美国则反对数据存储本地化。尽管数字化颠覆带来的对员工技能更新的要求以及企业架构转型带来的岗位变动给各行业领域都带来考验，但美国基于既有的人才强国地位和行业龙头企业的数字化人才培养实践和探索，在数字化人才培养方面依然领先全球。

六是美国将信息基础设施安全保障提升到国家战略和安全高度，但是在数字化基础设施的重点领域之一——5G 建设方面的阻碍较多。作为网络技术的发起国和强大网络空间势力的拥有国，美国于 1994 年提出"美国信息高速公路计划"，美国也是关键基础设施（包括信息基础设施）保护起步最早的国家。美国国土安全部作为关键基础设施的主管部门，也肩负着保障国家安全的重要职责，基于此，美国关键基础设施安全保障的战略思路和法律政策从一开始就与国家安全挂钩，战略地位很高。但从国土安全部对关键基础设施（Critical Infrastructure，CI）所划定的16个部门看，其中的通信部门和CI部门合在一起，基本相当于国际上通称的CII。关键基础设施通信部门（"通信CI"）的资产主要包括有线基础设施、无线基础设施、卫星基础设施、电缆基础设施和广播基础设施共计五大类物理层面的资产，以及为关键基础设施稳定运行提供各类服务的逻辑层面的资产。关键基础设施IT部门（IT CI）主要是按照功能进行划定，包括提供IT产品和服务，提供事故管理能力，提供域名解决方案，提供身份验证管理和其他信用支持相关服务，提供基于互联网的内容、信息通信服务，提供互联网路由、接入和连接服务。但是，在5G时代，美国数字化基础设施仍有一段路要走，中国5G基站数量是美国的十倍，美国光纤基础设施严重缺乏。2019年，美国政府加大5G基础设施投入，今后10年将面向新一代通信标准"5G"的基础设施建设投入204亿美元。

（三）日本

日本在数字化转型的过程中采取了以下战略。

一是以技术创新和互联工业为突破口，建设"超智能社会"。为在新一轮国际竞争中取得优势，日本制定和发布了一系列技术创新计划和数字化转型举措。2016年，日本发布《第五期科学技术基本计划（2016—2020）》，提出利用新一代信息技术使网络空间和物理世界高度融合，通过数据跨领域应用，催生新价值和新服务，并首次提出建立高度融合的网络空间和物理空间，及以人工智能技术为基础、以提供个性化产品和服务为核心的"超智能社会"概念。"超智能社会"不仅涵盖能源、交通、制造、服务等领域，未来还将涉及法律、商务、劳动力提供和理念创新等内容。

二是日本强大的制造业基础为数字化转型提供了很好的试验田，并在工业互联网发展路径上形成了独特的"日本模式"，同时日本在数字医疗、数字农业等领域进展较快。互联工业作为社会5.0的重要组成部分，得到日本政府的高度关注。日本经济产业省（简称"产经省"）推动成立了工业价值链促进会，并发布日本互联工业价值链的战略实施框架，提出的新一代工业价值链参考架构成为日本发展高端制造业的新抓手。2018年6月发布的《日本制造业白皮书》强调通过连接人、设备、系统技术等创造新的附加值，正式明确将互联工业作为制造业发展的战略目标，并通过推进超智能社会建设，抢抓产业创新和社会转型的先机。上文提到，工业互联网作为"工业4.0"的重要平台载体，在实践中已形成了两大不同路径，一是欧美阵营，一是日本阵营。日本阵营从企业需求出发，主要进行自下而上、自内而外的推动，注重成效，并不急于求成，高度重视制造现场的效率化，重在获取、分析现场数据，改善现场运营，目前以制造业企业为主导。整个平台是基于边缘计算/雾计算优势打造的，数据流不需要企业级IT系统的支持，IoT更多为现场提供支持，包括基础数据的收集与积累、变化点的监测与预警等（见图3-2）。

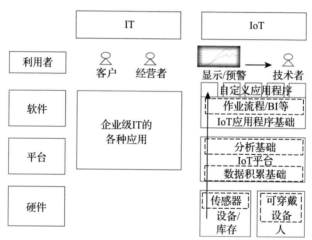

图3-2 日本发展工业互联网的模式和路径（日本阵营）

来源：数字化转型课题组，2019.11

三是在2019年6月于大阪举办的二十国集团（G20）峰会上，日本提出将致力于推动建立新的国际数据监督体系和G20"大阪路径"，并希望在国际数据治理中拥有话语权。日本希望扮演数据治理桥梁和议程设置者的角色，为此，日本政府提出了"基于信任的数据自由流动倡议"，希望借鉴欧盟路径与美国路径，整合出所谓的G20"大阪路径"：一方面，对于个人隐私数据以及涉及知识产权和国家安全方面的数据，要严格保护；另一方面，对于健康数据、工业数据、交通数据等非个人的数据，要自由流动。日本政府在数字经济的平台规则等运行机制方面监管也较多。2018年，日本经济产业省、公正交易委员会、总务省联合设置了"关于数字化平台交易环境整治的研究会",并公布了《制定数字化平台经济规则的基本原则》,防止少数巨型平台企业(现阶段主要指美国的 Google、Apple、Facebook、Amazon)垄断或寡占市场,促进中小企业的参与、创新和公平竞争。

四是 2019 年大阪 G20 峰会上,日本倡导要通过数字化基础设施、数字素养等方面推动数字经济可持续发展和包容性增长。日本支持旨在促进对国内和国际数字连接基础设施投资的举措,包括光纤电缆、5G 和其他超高速连接技术,扩大光纤基础设施的规模,使光纤连接惠及更多的个人和连接冗余。同时,政府采取适当的政策方法,建立投资公平、有竞争力和非歧视性的市场,提高连通性和数字服务的可获取性、可负担性、质量和安全性,并增加对数字经济增长效益的获取性。

二、国际产业数字化转型战略启示

一是推动大数据、人工智能等技术创新发展成为各国共同战略选择。大数据和人工智能已成为推动产传统产业数字化转型的新型技术引擎。世界各国为夯实数字化转型技术基础,相继制定了一系列大数据和人工智能相关国家战略,构筑核心技术研发高地。在大数据和人工智能领域,各国政府纷纷加强战略顶层设计,成立专门机构,统筹推进战略实施,强调政产学研紧密合作,以实现政策统筹、人才驱动、科技驱动的同向发力。整体来看,各国的布局呈现出战略引领、规划指导、政策统筹、多方合作等为特征的协同推进机制。

二是组织架构优化及商业模式变革成为产业转型的焦点。随着新一代信息技术在各传统行业的渗透,传统的行业壁垒和市场边界被打破,产业竞争格局随之改变,在新的竞争格局之下,数字化转型将升级作为核心战略,新一代信息技术深度融入研发、生产、管理、营销等每个业务流程,重塑顺应数字经济发展规律的组织形态和商业模式。组织架构与商业模式的变革向最大化地激发企业的创新活力和潜力,重构产业核心竞争优势的方向转变。

三是培养拥有数字化技能的人才是支撑数字化转型发展的重要举措。人才是第一资源,是实施数字化转型战略的核心竞争力,世界各主要国家都在积极创新人才培养模式,提升公民素质素养,为数字化转型战略实施提供智力支撑。随着数字化转型浪潮的来临，世界各国将继续根据科技和产业发展需要，逐步建立健全的数字人才发展机制，完善教育培训体系，通过优化课程设置与配套，扩大培养规模，吸引高端人才等政策，满足传统企业数字化转型所需的各类人才需求，为推进产业数字化转型打下坚实基础。

四是围绕底层技术、标准和知识产权展开竞争。数字化转型的核心驱动力在于技术创新能力，而与数字化转型相关的底层技术、标准和知识产权是技术创新的源泉，是企业、地区乃至国家数字化转型成败的关键和根本。行业领军企业正是通过对底层技术、标准和知识产权的把控和垄断铸造自己的技术壁垒，从而取得行业优势地位。同样，在底层技术、标准和知识产权方面具有明显优势的国家和地区将在本轮数字化转型竞赛中抢先占据制高点，企业、地区、国家围绕底层技术标准，知识产权的竞争和博弈愈演愈烈，并逐渐趋于常态化。

五是激发、培育契合新一代信息技术特性的应用场景，挖掘更多的商业模式。随着5G、人工智能、大数据、区块链等新一代信息技术不断取得突破性进展，引导开发和培育与新一代信息技术高度契合，且符合政府、企业及个人用户实际需求的多元化应用场景，并持续拓展和延伸边界及范围，将成为产业挖掘新兴增长点和实现可持续发展的重要路径。以应用场景为牵引，推动新一代信息技术与用户需求充分结合，加快产业数字化转型的规模化、商业化进程，逐渐加快并进一步催生出大量的新技术、新产品、新模式，创造出巨大的经济和社会效益。

Chapter4 第四章
我国产业数字化转型的发展现状和主要问题

一、我国产业数字化转型的发展现状

(一)国家高度重视,数字化转型发展处于政策红利期

我国高度重视数字机遇。一是支持数字技术和数字产业本身发展。2012年,我国将云计算工程作为"十二五"的二十项重点工程之一。此后,还陆续出台了"十三五"国家信息化规划、宽带中国、云计算、物联网、工业互联网、新一代人工智能等国家战略。2017年数字经济、人工智能等概念首次被写入政府工作报告,推动了我国数字化经济的全面发展,缩小了数字鸿沟,加速了互联网与传统产业融合,促进了云计算、大数据、人工智能、区块链等新一代信息技术的发展。中共中央政治局也多次组织对大数据、人工智能、区块链技术进行集体学习,充分关注数字化转型关键技术和产业的发展。二是站在数字化转型的高度,从数字技术赋能的角度,鼓励加快数字经济和实体经济融合发展的进程,提升传统行业的数字化水平。2017年,《智能制造发展规划(2016—2020年)》和《"十三五"国家信息化规划》出台,将提升我国信息化、数字化水平作为重要目标,推动传统制造业与数字经济相结合。2016年,工信部发布《发展服务型制造专项行动指南》,服务型制造是制造与服务融合发展的新型产业形态,是在数字化转型大背景下提出的新的方向。制造业企业通过新一代信息技术的数字赋能,不断创新、优化生

产组织形式、运营管理方式和商业发展模式，不断增加服务要素在投入和产出中的比重，重塑制造业价值链。以服务型制造为代表的新业态都是在数字化浪潮中出现的，对此，国家已经在重点推进中。

（二）数字经济正在成为我国经济高质量发展的重要引擎

新一轮科技革命和产业变革与我国加快转变经济发展方式形成历史性交汇。一是我国数字经济规模不断扩大。根据信通院数据显示，2018年，我国数字经济规模达到31.3万亿元，按可比口径计算，名义增长20.9%，占GDP比重为34.8%。二是数字产业化结构优化，2018年，数字产业规模达到6.4万亿元，占GDP比重为7.1%。其中，软件和信息技术服务业、互联网行业增长较快，收入同比分别增长14.2%和20.3%。信息消费、数字经济领域投资、数字贸易等领域的需求不断释放，助力数字产业化发展。

（三）产业数字化转型深入推进，细分领域形成中国特色

一是产业数字化转型深入推进。信通院数据显示，2018年产业数字化规模超过24.9万亿元，同比名义增长23.1%，占GDP比重为27.6%。工业、服务业、农业数字经济占行业增加值比重分别为18.3%、35.9%和7.3%。二是不同行业数字化转型已经形成拥有自己特点的特色实践。国内媒体、零售、交通、医疗、公共事业、教育、政府等行业数字化转型进程较快，工业、电力能源等行业数字化潜力较大。国家统计局数据显示，2017年，我国"三新"（新产业、新业态、新模式）经济增加值约13万亿元，占GDP比重为15.7%。制造业数字化转型已经出现了以服务型制造、工业4.0、智能制造、机器人、智慧仓储与物流、新零售、工业APP、工业互联网、预测性维护、云制造、云租赁、大规模网络定制等新业态、新技术和新模式；医疗行业出现了医药分离、医联体、远程医疗、机器人医生、精准医疗、大数据科研等新业态、新技术和新模式；能源行业出现了能源互联网、智能网格、多能互补、微电网、智能计量架构等新业态、新技术和新模式。三是部分领域取得突破。虽然美国在数字化商业模式和技术方面依然具有领先优势，但我国作为最大的数字化市场，经过充分的实践，在电商、移动支付、5G、移动终端、金融科技管理方式、商业技术等领域已形成中国特色并走在世界前列。

二、我国产业数字化转型的主要问题

（一）国内多数产业数字化转型还依赖单一的技术路径

数字技术发展是数字化转型的重要因素，但非唯一因素。技术是手段，但不是目的。数字化转型的方向已经得到普遍认可，但数字化转型不是靠单一技术路径实现的。目前，国内很多行业和企业单纯以"数字化投入""采用了哪些新技术"等指标来描述自身的数字化转型进程，这本身就是对产业"数字化转型"的错误认识。数字化强调的是人、物理世界、数字世界的连通与联动，而不只是流程的数字化或者信息化。据调查显示，中国的企业在IT上的投入甚至高于美国，但是缺乏统一的系统性框架顶层设计，存在很多重复性、冗杂性布局，造成资源的浪费。行业中多数企业的单个部门开始实施转型，虽然价值链的单个环节转型步伐大，但其他环节没有加入，导致达不到最终的转型效果。同时，多数行业大多关注技术本身，而不是技术的应用，包括技术如何与自身业务建立联系、如何运用技术赋能行业、如何依靠数字技术和数据资产，更多地对产品和服务进行创新、给予用户更好的体验、创造更多的商业模式。

（二）核心技术能力不足，整体技术架构迭代落后于国外

一是产业数字化转型核心技术能力不足，存在"卡脖子"问题，这一问题在中美贸易战的背景下愈发凸显。以制造业数字化转型为例，存在核心技术能力不足，信息基础设施和行业数字化转型的基础相对薄弱的问题。当前，关键工业软件、底层操作系统、嵌入式芯片、开发工具等技术领域基本被国外垄断；我国能够生产的工业传感器与控制产品大多集中在低端市场；控制系统、平台数据采集开发工具等领域的专利多为外围应用类，缺少核心专利。

二是国内数字化转型的技术架构能力整体上弱于国外，尤其是美国，而且在对新架构、新技术的应用和迭代推进方面也慢于国外。目前，整个数字化转型底层技术架构能力主要由美国的Google、Amazon、VMware、Pivotal等公司主导，中国依赖于国外的底层技术。同时，随着企业对IT架构的敏捷性要求越来越高，IT部署模式也在逐步演化。例如，传统的瀑布式开发流程已经被DevOps代替，单体的应用架构被模块化的微服务架构代替，企业也越来越需要容器化架构来弥

补传统物理服务器应用部署烦琐的缺陷。云原生正在成为主导产业数字化转型的架构，尤其是随着 Kubernetes 在 2018 年取得了容器集群管理平台的市场主导地位，容器已经成为连接传统 IT 与云原生计算的重要技术平台，这为云原生作为未来数字企业的主导技术架构铺平了道路。整体上看，国内在数字化技术变革方面的进程慢于国外。

（三）新模式、新业态创新不足，数字化转型的创新能量待释放

数字化转型更多的是业务的转型，通过建立集成多环节的数字化平台、进行数据积累和互联，实现向用户交付产品并提升运营维护效率，延展产业的服务价值链。以数字化技术为基础，构建和物理世界对应的数字世界，并以数据为核心，人工智能为手段，云化服务为形式，借助人与机器的重新分工，产生新的价值创造点，能够触发新的产品服务迭代、商业模式和用户体验创新，实现在数字化技术支撑下的组织业务和商业模式创新发展。但在我国的产业实践中，能够实现以上创新的还很少。在数字化时代，客户需求发生了根本性的变化，如何广泛地触达客户、获知需求的变化并进行实时的快速调整，如何将新技术打包成创新工具、推动自身业务变革和颠覆性商业模式创新是大部分产业面临的问题。比如，对于国内一些重资产、大规模、商业模式单一的产业领域，急需借助数字化转推动全生命周期管理（PLM），实现平台化运营的突破和转变。

（四）国内新型数字复合型人才缺乏，且人才需求持续扩大

产业数字化依托新技术而生，随着新技术的发展而发展，同时带来产业数字化人才需求的长期性和多样性。一是数字化转型对人才提出了新的要求。对于数字化转型进程较快的产业，国内目前缺乏能够为产业的数字化转型提供合格服务的人才。尤其是缺乏既懂数字技术又精通业务，既明白业务的数字化切入点、流程优化点、产品创新点以及全流程管理方案，又熟悉数字化工具技术的应用价值和应用方式的复合型数字化产业人才；对于数字化转型进程较慢的产业，缺少能够推动产业数字化试点的人才，来运用数字化管理、运营的新思维、新理念、新视野、新格局，开展数字化管理、运营的新场景、新模式、新流程，推动数字化的价值理念的传播、各项业务的数字化改造和优化以及理念变革、模式变革、流程重构。二是数字化转型需要的人才资源在快速增长。根据信通院的数据显示，2018

年我国数字经济领域就业岗位为 1.91 亿个，占当年总就业人数的 24.6%，同比增长 11.5%，显著高于同期全国总就业规模增速。其中第三产业劳动力数字化转型成为吸纳就业的主力军，第二产业劳动力数字化转型吸纳就业的潜力巨大。整体上数字人才压力较大。

（五）"数据孤岛"、数据开放、标准和安全问题依然亟待解决

一是"数据孤岛"问题。随着数字化不断深入，企业内部、企业与外部信息交互的需求日益强烈，包括产业链上的其他上下游企业和用户等，迫切需要对已有的信息进行整合，打通"数据孤岛"，共享行业信息。数据将不只是对生产活动的记录，而是更多地进入业务深度的融合。国内的产业数字化转型解决方案大部分还停留在碎片化供给阶段，无论是 CAD、ERP、CRM，还是 MES、WMS 等系统，都是主攻某一个或某几个环节、领域、范围，相对企业全局优化的诉求仍然是一个局部方案。二是数据获取和开放共享问题。对于数字经济时代关键的生产要素——数据，如何进行获取、存储和分析挖掘？随着数字经济发展，企业对外部数据的需求呈现不断上升的趋势，包括产业链上下游企业信息、政府监管信息、公民基础信息等，将这些数据资源进行有效整合才能产生应用价值，但前提是这些数据能够被获得。三是缺乏权威的数据标准。制造业每天都会产生和利用大量数据，如经营管理数据、设备运行数据、外部市场数据等。但是，工业设备种类繁多、应用场景较为复杂，不同环境有不同的工业协议，数据格式差异较大，不统一标准就难以兼容，也难以转化为有用的资源。目前，我国已有全国信息技术标准化技术委员会、智能制造综合标准化工作组、工业互联网产业联盟等多个从事相关标准研发的机构，制定了《国家智能制造标准体系建设指南（2018 年版）》《工业互联网标准体系框架（版本 1.0）》等文件，但具体标准的研制和推广工作刚刚启动，市场接受度还不够高。四是数据安全问题还有待解决。在云化以后，数据集中化程度不高，造成数据安全性得不到保障，数据非法访问风险加剧；原先的应用服务器是独立的，但应用云系统以后，应用服务器的安全边界越来越小，甚至会出现很多漏洞，虚拟机和虚拟机保护机制不完善；产业数据的安全性远高于消费数据，工业数据涵盖设备、产品、运营、用户等多个方面，在采集、存储和应用过程中一旦泄露，会给企业和用户带来严重的安全隐患。数据如果被篡改，可能导致生产过程发生混乱，甚至会威胁城市安全、人身安全、关键基础设施安全

乃至国家安全。虽然目前我国也陆续出台了很多政策，但安全问题依然有待进一步解决。

（六）数字化基础设施和基础设施数字化建设均有待进一步推进

数字基础设施与传统基础设施相比，不仅具有公共性、共享性、泛在性等共性特征，更具有数字化、融合化、平台化、生态化、赋能化等专有特征。从演变历程看，数字经济基础设施既包括宽带、无线网络等数字化基础设施，也包括对传统基础设施的数字化转型和改造。工信部发布的《2018年9月份通信业经济运行情况》显示，截至2018年9月末，我国移动通信基站达639万个，其中3G/4G基站总数达到479万个，美国4G基站只有20多万个。而全球4G基站有500多万个，中国占60%以上，远超全球其他国家之总和。中国的5G基站规模已经是美国的10倍，同时中国拥有目前全球最大规模的NSA 5G网络。尽管我国目前在5G建设上领先全球，但在人工智能、物联网、云计算、数据中心、智能终端等数字化基础设施的技术领先度和创新方面与发达国家相比还有差距。此外，产业数字化需要的平台等基础设施建设不足。比如，传统制造业的数字化转型和智能制造发展需要的工业互联网还在建设当中，新能源汽车和智能网联汽车的发展需要的能源互联网、车联网和智能化交通基础设施尚在起步，我国水、电、气等城市公共基础设施的数字化和智能化转型需要的城市物联网各省份差距很大，农业物联网发展还较落后。

Chapter5 第五章
我国产业数字化转型的总体思路和主要任务

一、我国产业数字化转型的总体思路

(一)从技术赋能、经济模式变革、社会约束、"新基建"和新管理制度多方面构建产业数字化转型新体系

产业数字化转型不是采用单一技术路径就能解决的问题,而是一项覆盖技术赋能、经济模式变革、社会约束、"新基建"和新管理制度的系统工程。数字技术提供赋能手段,包括大数据、云、人工智能+、基础硬件、新型IT架构等;新经济变革则是从逻辑起点来认识数字化转型。数字化转型是从适应竞争环境的快速变化出发,生产过程、消费者需求等出现了翻天覆地的变化,环境倒逼产业应用新的经济模式,包括催生新业态、新组织和新管理,创造了更多的产业转型可能性和路径探索;社会约束则一是约束转型,二是产业数字化转型应该关注的问题和要点,包括如何处理数字化人才、可持续发展以及数据隐私方面的问题;"新基建"和数字经济新管理制度则从基础设施和基本制度的底层支撑层面对数字化转型提出了新要求。只有管理综合统筹以上各方面,才能真正助力产业数字化转型并实现"未来产业"的美好愿景。

（二）产业数字化转型要实现数字世界、物理世界和人"三位一体"的统一

当今，我们所处的世界是由数字世界、物理世界及人构成的有机整体，数字化转型就是利用 IT 技术打通数字和物理两个世界。物理世界是数字世界的基础，数字世界离不开物理世界，也将会为物理世界的发展提供新的动力。在数字世界中，数据是最重要的资产，数字世界的发展将由数据驱动，从数据的产生、收集、分析和计算，再到利用数据产生新的价值和创新。企业必须以数据为基础，从产品设计、验证、生产、销售到售后，从上游的供应商到分销商，推进企业整个生态的数字化。物理世界是我们所生存和感知的空间，还包括我们的经济和社会等。数字化正在推动物理世界的飞速发展。首先受益的将会是实体经济和传统产业，实现数字化转型的传统产业会实现更高效的创新和实时的决策。最后，人是数字化转型的主导因素。数字世界和物理世界能够打通，靠的就是数字化转型，但实现二者和谐发展的动力和目的都是人。首先，物理世界和数字世界的和谐发展会让社会更进步，让人类的生活更美好、更便捷，企业的生产力和效率不断提高，技术最终将激发人类的潜能；其次，人是物理世界和数字世界的管理者，我们需要确保让机器"反映我们的人性"，并以"负责任的和合乎道德的"方式被开发；最后，打通物理世界和数字世界需要各种层次的人才，只有大力培养数字化转型相关人才，才能实现两个世界的协同发展并为其源源不断注入活力。

（三）走中国特色的"新型 PPP"数字化转型发展路径

"新型 PPP"指的是企业、政府和平台三方要在产业数字化转型方面充分发挥各自的作用，以制造业为例，要加快构建"制造业企业（private）—工业互联网平台（platform）—政府（public）"三方结合的"新型 PPP"发展模式和路径。其中，制造业企业要加快自身的数字化、网络化、智能化转型，并进行试点和探索，建立"工业价值链"思维，不断向客户以及行业赋能；政府则应做好角色定位，重点提供新型基础设施，推动企业平台合作、数据共享，参与平台治理，对重点产业领域的数据提供必要的安全授信以及有效的政策支持；平台作为新的市场主体，要在超前布局共性平台关键技术、加速平台的迭代（百万工业企业上云 /APP 培育）、打造一批系统解决方案和创新应用、跨界合作培育平台生态等方面不断发挥作用。

（四）构建大中小企业开放、协同、融合发展的数字化生态格局

大企业以数据和资源赋能中小企业，中小企业通过快速迭代为大企业注入活力，从而打造大中小企业融通发展新格局，推动数字化转型发展进入新阶段。2018年11月，工信部、发改委、财政部和国资委联合印发了《促进大中小企业融通发展三年行动计划》，旨在营造大中小企业融通发展产业生态，鼓励大中小企业创新组织模式、重构创新模式、变革生产模式、优化商业模式，进一步推动大中小企业融通发展。例如，阿里巴巴依托1688大企业采购平台构建供应链数字化工具，带动中小企业在技术、产品、业态等模式方面的创新，不断提高中小企业与大企业的创新协同能力。打造基于重点产业领域的大型企业数字化转型平台和面向中小企业的数字化赋能平台，通过大企业建平台和中小企业用平台双轮驱动，推动数字化资源协同和对接，培育一批基于数字化平台的虚拟产业集群，进一步开放合作，促进产业链各环节良性互动发展，逐步形成大中小企业各具优势、竞相创新、梯次发展的数字化产业生态格局。

二、我国产业数字化转型的主要任务

（一）秉承开放合作理念，构建开放、开源的技术体系

秉承生态和开放的理念构建技术体系，包括横向和纵向两方面的开放。一是全球范围内横向开放和合作。随着数字化转型的发展，无论是数字层、平台层到应用层，还是AI、区块链等新一代信息技术的应用，都需要构建一个全球范围内开放、包容、合作的技术体系。技术开源的本质就是开放合作，这是数字化快速发展的技术基石。国内发展数字化转型不能违背技术发展的基本规律，要平衡好开放和自我突破的关系。二是从产业链上下游出发的纵向的开放。要面向全局优化，实现与供应商、代理商以及客户的数据集成，构建基于全局优化的开放技术体系，而不是一个封闭的技术体系。工业4.0、工业互联网的本质就是要解决企业内部集成、产业链集成和产业生态集成的问题。同时，技术体系的背后是系统开发流程、逻辑、工具、方法的迁移，以及商业模式的重构。

同时要平衡好开放合作和核心技术攻关的关系。在开放合作的基础上，国内要加大基础研究投入，健全、鼓励、支持基础研究、原始创新的体制机制，夯实

技术基础，发展基于云架构和边缘的数字化、智能化运营体系，加大对 5G、通信、网络、人工智能、物联网、核心器件、基础软件等领域的技术研发力度，加强底层操作系统、嵌入式芯片、人机交互、工业大数据、核心工业软件、工业传感器等核心技术的攻关。

（二）布局云原生 IT 架构，多样化技术发展路线，重构管理组织方式

构建基于容器、微服务、DevOps、持续交付等为基础的新一代云原生 IT 部署架构。云原生是目前业界广泛认可的 IT 部署架构和模式，云原生（Cloud Native）的概念最早是在 2013 年由 Pivotal 首次提出的，近几年，以 Kubernetes 为代表的云原生技术迅速成熟并取得产业地位。云原生应用程序开发通常包括 DevOps、敏捷方法、微服务、云平台、Kubernetes 和 Docker 等容器，以及持续交付。其利用云计算按需计算和即用即付的特点，从应用程序设计之初，就最大限度地利用云平台快速响应、自动化、弹性、灵活、可移植等特征，在云中以打包在容器中的微服务的模式来创建应用程序。在应用构建过程中，采用开源堆栈（Kubernetes+Docker）进行容器化；基于 K8S 的 PaaS 以应用为中心，容器技术大放异彩，将会成为未来数字化转型中 IT 架构的重要组成部分。部署和运维则基于微服务提高灵活性，微服务、服务网格、APM 等应用侧工具逐步繁荣，有助于企业的重心向业务架构及其治理方向，而非底层技术转移。利用 DevOps 完成持续迭代和自动化运维，不断形成更加标准化的应用交付流程，使开发和运维更具持续性和敏捷性。从用户的角度看，云原生的优势包括构建应用快捷，部署应用简单，运维和运行更具弹性等。

此外，云原生不仅包含技术（微服务，容器化、敏捷基础设施），也包含管理（DevOps、持续交付等），是一系列云技术、组织管理方法的集合。云原生可以通过实践及与其他工具相结合，更好地帮助用户实现数字化转型。可以看到，新技术不仅会带来技术本身的变革，而且会颠覆原有的组织结构管理，并自发形成新的生态。

（三）鼓励平台经济，并推动组织、管理、运营、商业模式等变革

一是深入挖掘数字化转型带来的业务价值，持续推进新业态、新模式、新产品、新服务的创新，构建以用户为核心的全生命周期管理的经济管理和运行方式，并创新不同的商业模式。受 Apple、Amazon、戴尔、阿里巴巴及相关企业的影响，

客户期望稳定的可用性、完美的服务质量和数字世界的高透明度。消费者不只关心产品本身，还关心商品个性化功能，以及社交体验、参与感、对产品企业文化价值的认同。贴心的个性化服务、方便灵活的体验和交互、快速便捷的购买体验等有利于推动消费者从商品的功能诉求向体验诉求转变，使消费市场迎来"体验为王""个性化定制"的时代。不同产业领域要根据各自领域的特点，挖掘数据作为重要资产的价值，通过数字化营销、建立统一的数字化流程、不断创新产品，构建以客户体验为核心、个性化定制的客户关系，并不断延伸产业链，积极发展制造业和服务业深度融合的新业态、新模式。

二是发展平台经济，核心是运营能力。在产业数字化转型中，平台成为企业、市场和政府等之外的重要参与主体之一，发挥关键的协调作用。平台是一个自动化系统，依靠算法进行资源的分配与调节，而不同市场主体在平台上的关系是共生共存、共同发展，不再是彼此竞争的关系。平台连接了用户、企业和政府机构，进一步推动了供给侧改革，同时优化了需求与供给之间的精准匹配。在数字化时代，外部的快速变化与企业的稳健经营要求形成了强烈矛盾，带来了巨大挑战。制造业的业务需求快速多变、新技术层出不穷、消费者需求多样化、供应链不断变化，传统的以产品为中心的制造模式已经无法适应新时代下的消费者需求。构建一个可延展、灵活、敏捷的平台显得尤为重要。平台承载了融合的能力，可以快速引入新技术，以服务化来应对业务的敏捷变化、大数据快速建模等，需要相对稳定地更新，并将短周期迭代中的成功经验不断沉淀到平台中，平台能力的迭代将实现更好的基础能力的提升。制造业企业需要构建一个支撑全生命周期管理的平台，覆盖客户需求、研发设计、生产制造、销售服务等全流程，贯穿产学研金商用等全领域的技术体系和支撑服务体系。

三是推动产业组织管理变革，推动产业组织模式由传统的科层级向扁平式，再到平台式管理架构进行转变。新模式、新业态对应的新型组织运行方式正在冲击工业社会以企业为核心的传统组织架构，重构经济社会运行中各方主体关系，各种互联网平台的出现就是典型的组织运行模式重构。作为全新的市场主体，互联网平台既不是买家也不是传统意义上的卖家，却具有撮合促成交易的功能；买家和很多卖家虽然借助互联网平台实现交易，但与之没有产权上的从属关系。数字化转型为了组织管理变革提供了土壤，也对其提出了新的要求。

四是推动数字中台这一新型组织模式的发展。数字中台是伴随着企业向数字经济和数字商业模式转型而出现的新型内部平台。在企业由产品型商业模式向数字服务型商业模式转型的过程中，IT与业务之间的关系合二为一，IT即业务、业务即IT。数字银行和互联网金融公司就是典型的例子。有了数字中台，在数字服务的产生和生产过程中，不再需要更多的人力，而是更多地依靠信息基础设施以及自动化、人工智能等技术。数字中台也强化了整个企业的信息和数据流转能力，以前依靠人力进行的信息和数据转移，现在通过互联网和数字中台枢纽就可以很容易地实现。

（四）构建人才数字素养和数字能力体系，探索新型人才培养模式

2019年，国家发展改革委发布了《关于发展数字经济稳定并扩大就业的指导意见》，对于数字化人才教育给出了明确指导意见：到2025年，我国国民的数字素养不低于发达国家国民数字素养的平均水平。

一是从技术与产业发展的需求出发，建立人才数字素养和数字能力体系。从数字能力、数字技术和数字知识三个层面，构建适合我国国情的数字素养教育和评估框架。从数字素养的支撑技术、方法和理论出发，构建数字素养域、具体素养及其知识体系。将知识体系细化为知识单元，构建出可裁剪、积木式的知识模块。基于大数据、人工智能等先进数字技术，构建数字素养的可量化指标体系，设计和开发数据驱动的数字素养评测评估系统，为推动产业数字化人才培养提供定量化、模块化、系统性的支撑，同时帮助弥合公民数字鸿沟，提升全民数字素养，为数字化转型提供更完善的社会环境。

二是面向数字化转型需求探索新型人才培养模式。加大数字化转型领域高端复合人才的培养力度，支持重点产业企业与研究机构加强合作，开展有针对性的人才培训，持续提升劳动者的数字素养，推进数字化转型领域领军人才、创新团队、人才示范基地、人才培训平台建设。鼓励有条件的高校、院所、职业院校、技工院校和企业合作，探索联合招生、联合培养、一体化育人的人才培养模式，支持高校、职业院校、技工院校开展数字化转型相关学科体系和相关专业建设，培养满足数字化转型发展需求的高素质经营管理人才、专业技术人才和技术技能人才。

三是统筹数字化产业发展和人才培养开发规划，加强产业人才需求预测，加快培育重点行业、重要领域的数字化专业人才。注重人才创新意识和创新能力培养，探索、建立以解决问题、带来效益为导向的数字化人才培养机制，完善产学

研用结合的协同育人模式。吸取德国二元制和职业教育培训的经验，建立完整的职业教育培训体系。

（五）进一步提升数字治理水平，加强数据标准和安全体系建设

一是推动工业数据标准的制定与应用，促进数据的开放共享。引导行业组织、企业研究制定工业数据的行业标准、团体标准、企业标准。梳理现有国家标准，适时将成熟的行业标准、团体标准上升为国家标准。加强标准体系与认证认可、检验检测体系的衔接，促进标准应用。加快公共数据开放进程，促进数据资源的高效利用。建立健全社会数据采集、存储、交易等制度，保障数据有序、规范应用。

二是进一步全面提升数字化治理能力。长期以来，我国政府坚持鼓励创新、包容审慎的原则，为数字经济的活跃发展提供了宽松环境。下一步，我国数字化治理要综合考虑产业领域的特殊情况，结合技术的发展进程，联合行业龙头企业、行业平台，充分发挥协会等第三方机构的作用，形成多方共治格局，不断提升依法治理、协同治理能力，营造出规范有序、包容审慎、鼓励创新的发展环境。

三是加强数据安全保护体系建设。强化工业数据和个人信息保护，明确数据在使用、流通过程中的提供者和使用者的安全保护责任与义务；加强数据安全检查、监督执法，提高惩罚力度，增强威慑力；严厉打击不正当竞争和违法行为，如虚假信息诈骗、倒卖个人信息等，引导、推动行业协会等社会组织加强自律。

（六）推动新型基础设施发展，为数字化转型提供坚实保障

国家发展改革委在2019年的工作重点中指出：要加强新型基础设施建设，加快人工智能、物联网、工业互联网等领域基础设施建设。同时提出，要加强城乡和农村基础设施建设，以及能源、交通、水利等重大基础设施建设。笔者认为，数字基础设施包括数字化基础设施（包括5G、人工智能、物联网、云计算、数据中心、智能终端等）和基础设施数字化（包括工业互联网平台、车联网、能源互联网、城市物联网、农业物联网等）。未来要重点加强以下方面的建设：

一是把握5G建设机遇，推动数字化基础设施建设进程。积极推进人工智能、工业互联网、物联网、云计算、大数据等基础设施建设，科学规划全国云计算数据中心选址布局，统筹云计算数据中心发展，积极探索跨区域共建共享机制和模式；加快城乡工业宽带网络升级改造，推进全国基础设施物联网网络建设，提升软

硬件基础设施水平。

二是将传统基础设施的数字化改造作为重点之一。目前，我国传统基础设施建设已经进入成熟阶段，为发挥投资的最大效能，在处理以数字化基础设施为主的新型基础设施和传统基础设施建设关系时，既应该将二者视为存量和增量的关系，也应注意到二者的融合和改造提升关系。例如，5G 的建设应尽可能共用 4G 的铁塔、光缆、电源、配套等设施；已经建成的高速公路网络应利用 5G 和数字化技术改造成"超级高速公路"；在已经建成的能源骨干网络基础上，应利用数字化技术实现分布式和智能化的能源系统升级；对城市的公共基础设施进行数字化改造，应让传统公共设施在保留自身功能的基础上，实现空间、网络和数字资源共享，完成基于数字化平台的资源和功能整合。

三是以产业为依托，搭建以平台为主的产业数字化赋能平台。重点加快工业互联网、能源互联网、车联网、城市物联网、农业物联网等数字化平台的建设。加快发展产业数字化平台将全面渗透到产业价值链，并对其生产、交易、融资、流通等环节进行改造升级，形成丰富的全新场景，创造多种生态模式，极大地提高资源配置效率。

（七）提供产权、制度经济学等基本制度保障，推动物理世界、数字世界和人的可持续发展

新模式、新业态对应的新型组织运行方式正在冲击工业社会以企业为核心的传统组织架构，重构经济社会运行中各方主体关系。这使制度经济学、产业组织理论的现实基础发生了变化。对此，应从产权理论和制度经济学角度探讨新业态、新模式下的权属架构、激励机制，并密切关注经济社会组织结构重塑过程中不同群体的利益得失及其可能带来的经济社会风险。

以人工智能为代表的新一代信息技术的发展，带来了创新的跨越式增长，正在为物理世界提供更为环保、更为智能的基础设施，让物理世界得到真正的可持续性发展。在物理世界，我们通过强化可持续创新以及环保、节能、绿色生产等行动，解决人与自然之间的矛盾，推动可持续发展。同时，越来越多的产业领域注重人的可持续发展，即不断加强数字化培训，帮助工人更好地学习数字化、自动化技能，不断培训员工，使其可以切换到不同的工作岗位上，真正实现人员能力的可持续培养。

Chapter6 第六章
我国产业数字化转型的指导政策和典型实践

一、我国产业数字化转型的指导政策

(一) 强化顶层设计，加强组织保障

1. 强化顶层设计

进一步提高全社会对数字化转型的全面认识，加强规划编制，将"数字化转型"纳入国家战略框架体系，尽早编制并适时发布数字化转型国家战略、"十四五"专项规划，指导各地在编制"十四五"产业专项规划时，因地制宜、有序推进产业数字化。切实抓好数字化示范园区和示范城市的规划编制工作，并纳入园区和城市产业专项规划之中。

2. 加强组织保障

创新管理方式，探索分业监管、协同共治模式，进一步明确数字化转型的行政管理服务部门，消除产业领域多头管理的体制机制障碍，密切部门间的分工协作关系，建立并完善促进数字化转型的部门协调运行机制，加强资源整合和机制创新，加强对地方数字化转型发展的引导。

（二）完善政策法规，培育良好环境

1. 完善政策法规

完善财政政策，强化财政资金导向作用，加大国家资金对数字化转型的支持力度；完善税收政策，如制定适应数字化转型发展的技术先进型服务企业认定管理办法，加快落实技术先进型服务企业所得税优惠政策，鼓励传统产业向工业设计创新、产品全生命周期管理、信息增值服务等服务环节延伸；完善金融政策，拓宽融资渠道，扩大直接融资比例。支持符合条件的数字化企业在境内外各层次资本市场开展股权融资，发行项目收益债、可转债、企业债、公司债等债券品种；引导各类投资基金向数字化转型领域倾斜；不断完善创新政策，加强对数字化转型下的新业态、新产品、新服务等的政策支持，改变原来只重视技术创新的单一维度，落实和出台推动服务创新、商业模式创新的相关政策。

2. 营造公平竞争的良好市场环境

发挥市场的主导作用，利用市场化手段引导传统产业领域加快数字化转型。通过深化简政放权、放管结合、优化服务改革，放宽融合性产品和服务准入限制，扩大市场主体平等进入范围，实施包容审慎监管，简化认证，减少收费等一系列措施，消除对数字化转型下产生的新产品、新服务、新业态的有形和无形的行政性垄断和区域壁垒。清理制约人才、资本、技术、数据等要素自由流动的制度障碍，推动相关行业在技术、标准、政策等方面充分对接，打造有利于数字化转型的外部环境。

（三）注重案例总结，加快示范推广

以数字化赋能产业和数字化转型需求方为主体，统筹社会组织、行业协会、科研机构和互联网平台型企业等多方资源，组建数字化转型创新联盟，积极开展数字化转型创新模式案例总结和经验分享，推进数字化转型的技术创新、模式创新、业态创新和新型基础设施建设，形成模式创新－试点应用－经验总结－模式推广等完整的示范推广链条。在行业层面，建设产业创新中心，分类建设覆盖企业、行业、产品、市场、研发等数据资源的行业数据库，构建从产品设计、生产制造到售后服务全链条的示范试点项目。

创新示范形式。重点选取若干先进典型省份召开数字化转型推进会，开展示范企业、示范项目、示范平台、示范园区和示范城市的评选，加大推广和支持力度。鼓励各级地方政府结合发展基础和实际开展试点示范工作，发挥示范引领作用，增强辐射带动能力。

（四）建设公共平台，推动协同合作

1. 推动产业公共平台建设

推动相关部门以问题为导向，以技术为核心，以产业为依托，以关键工程和重大项目为抓手，加大投资力度。建设社会治理平台、网络安全监测平台、舆情监控平台、数字技能培训平台等公共知识平台，解决数字化转型过程中涉及的行业发展的关键和共性问题，实现数字化转型的普惠共创发展。

2. 推动产业主体各方加强协同合作

鼓励中小企业专业化发展，提高产品制造和服务水平，支持龙头企业通过产业平台、股权合作、战略合作、产业集群等模式实施产业链垂直整合，打造协作共生的产业生态；加强供应链创新，以供应链推动产业链重构和价值链提升，整合商流、物流、资金流和信息流，推动物流业、金融业等现代服务业与制造业深度融合发展；搭建创新型、网络型产业跨界融合平台，推动产业跨界融合，带动新技术、新产业、新业态、新模式发展；强化产业发展的中介服务配套，为数字化转型提供数据信息、行业认证、融资服务、品牌推广等多元化服务。

（五）开放合作创新，深化全球合作

深化国际合作，提升国际影响力。鼓励企业"走进来"和"走出去"，提高数字化企业全球资源配置能力。多年来，跨国公司是中国经济社会发展重要的参与者、贡献者，也是产业数字化转型升级的重要推动力量。秉承开放合作创新的理念，推动数字企业的全球化合作，吸引全球龙头企业加快在国内重点行业的数字化转型进程，加快数字技术的开源开放，推动平台生态的构建；针对我国数字化关键短板和战略需求，鼓励跨国企业"走进来"，加快我国数字化进程；同时支持企业"走出去"，参与跨国并购，高效配置全球人才、技术、品牌等核心资源；鼓励企业在境外设立研发中心、制造中心、分销中心、物流中心、展示中心、客户服务中心等，构建跨境产业链，培育一批数字化企业集团。充分发挥产业门类齐全、市场规模大、数据资源丰富等优势，谋求与其他国家的深入合作，并引导行业组织在国际合作方面进一步发挥作用。

依托"一带一路"战略，深化数字全球化战略。充分发挥我国在数字化转型方面的优势和特色，尤其是发挥以工业互联网平台为代表的中国制造力量，吸引国外企业进驻平台，引领工业的模式创新，不断完善自有生态；同时，利用跨境电商、移动支付等新业态和跨境路缆、国际海缆系统等新型基础设施建设，深化数字化转型全球战略。

"一带一路"数字化合作进展

我国数字化转型的国际化进展不断持续深入。2017年12月，中国与沙特等7个国家共同发起"一带一路"数字经济国际合作倡议，明确了优先合作的领域，促成一批重点合作项目落地实施。2018年，中国－东盟信息港数字经济产业联盟启动，中阿网上丝绸之路、宁夏枢纽工程加速推进。截至2019年6月，中国已与捷克、古巴等16个"一带一路"沿线国家签署了数字丝绸之路建设合作的谅解备忘录，与阿根廷等18个国家签署了电子商务合租备忘录，并建立双边电子商务的合作机制。

二、我国产业数字化转型的典型实践

（一）智慧农业实践

2018年，我国全面部署"实施乡村振兴战略"，提出要发展高端农机装备制造，大力发展数字农业，实施智慧农业、林业、水利工程，推进物联网实验示范和遥感技术应用。智慧农业的基础是数字农业。广义的农业分为种植业、林业、畜牧业、渔业以及副业五种产业形式，农业产业链包括生产环节和流通环节，以及物流系统和金融系统四个部分。目前，国内新技术应用主要体现在农业的生产环节中，如应用在农业种植，如播种、施肥、除草、灌溉以及病虫害防治，以及畜牧业养殖，如繁育、饲养以及疾病防疫和环境清理等的管理等方面。国外的戴尔，国内的京东、阿里、腾讯等龙头企业在农业数字化转型方面都已开始布局。京东正在致力于推动"物联网＋区块链＋电商营销"为主的智慧农业，通过区块链溯源体系建立与消费者之间的信任，并通过数字化平台——京东农场智能管理平台，包括京东农场智慧大脑 AI、智能管控系统（SaaS）、物联网（IoT）设备，实现农场管理数据的管理、可视化和智能化。再如戴尔通过全面的基础设施产品组合，包括边缘网关、平板电脑、机器学习系统和网络设备等，提供从边缘到核心再到云的智慧农业解决方案，如图 6-1 所示。首先从边缘开始，在室内垂直农场中通过空气动力种植系统中的传感器和摄像头收集从水分和营养到光和氧气的所有数据，然后将数据通过其农场网络传输到 Dell Latitude 平板电脑和本地服务器群集，使其可用于监测和分析，接着通过部署核心计算和自动化分析过程，实现更高级别的智能和更复杂的决策；最后借助 Azure 支持，从其多个农场和多个数据源（包括公共云）收集不同的数据，进行大规模处理以及分析，利用深度学习收集有价值和可操作的数据和知识，驱动边缘的分析规则引擎，增强核心的机器学习。目前戴尔的智慧农业解决方案已有大量实际案例。

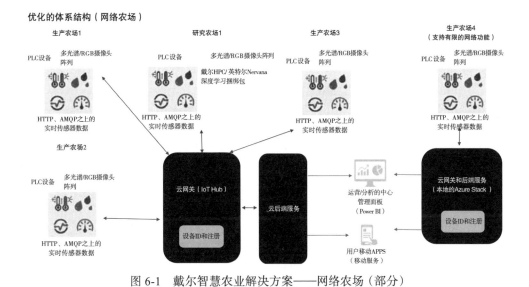

图 6-1　戴尔智慧农业解决方案——网络农场（部分）

（二）制造业数字化实践

制造企业对于优化资源配置、创新生产模式、提升生产效率的需求日益迫切，工业互联网成为制造业转型升级的重要突破口。工业互联网作为制造业数字化转型的焦点，是新一代网络信息技术与制造业深度融合的产物，也是实现制造业数字化、网络化、智能化发展的重要基础设施。我国工业互联网发展模式兼具欧美路径和日本路径的特点，主要基于边缘计算开发软件系统，使工业分析能力从云端向边缘延伸。"端－管－云"模式难以应对日益增长的工业物联网终端需求，难以保证工业生产控制的实时性和可靠性。云聚焦非实时、长周期数据的大数据分析，支撑周期性维护以及业务决策；边缘将部分计算能力下沉至应用场景附近，聚焦实时、短周期数据分析，基于边缘计算开发软件系统，支撑本地业务的实时智能化处理与执行。国内工业云平台企业中，海尔、航天云网和树根互联在其所在的行业中影响力较高，阿里云、用友云等互联网和软件厂商也在以 PaaS 和 SaaS 方式进入工业云平台市场。借助以新一代信息技术为代表的数字技术，国内制造业的数字化转型路径逐渐明晰，在实践中已经催生出全生命周期管理、整体解决方案、在线监测与维护、个性化定制、网络化协同制造、信息增值服务等各种制造业新模式。图 6-2 展示了制造业与服务业融合的新业态。

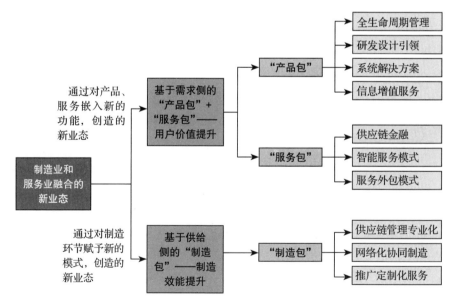

图 6-2　制造业和服务业融合的新业态（以服务型制造为主）

来源：《工信部：发展服务型制造专项行动指南》，课题组加工整理。

(三) 医疗行业数字化实践

随着新技术日益成熟，海量数据的管理、分析及应用，以及智能化的快速发展，健康医疗大数据已经成为国家重要的基础性战略资源，更是未来健康医疗服务发展的重要趋势。健康医疗大数据是指在人们疾病防治、健康管理等过程中产生的与健康医疗相关的数据。随着电子病历分级评价标准出台，医疗机构将加大对医院信息化的投入，各地政府也将加快推进人口健康信息平台建设、加快各级医院系统数据接入，为健康医疗大数据应用的开发和使用提供更多的保障。虽然在政策的持续推动下，健康医疗大数据发展迅速，但限于医疗行业自身的特殊性，健康医疗大数据的发展一直处于话题热度高于发展进度的状态。首先，各地政府在推进各级医院系统数据收集的过程中，需要协调医院、医药机构、健康管理机构、医疗信息化企业等多方主体，涉及主管单位多，管理关系复杂；其次，医疗数据在数据安全和隐私保护方面有极高要求，但目前相关标准和法规滞后于产业发展；再次，健康医疗大数据的价值在于应用，但目前市场上健康医疗大数据企业的商业模式并不清晰；最后，在健康医疗大数据行业，复合型人才短缺，且培养难度较大，制约了行业的发展。虽然发展上仍有很多制约因素，但健康医疗大数据应用市场还是一片蓝海，健康医疗大数据的开放应用是必然的趋势，政府、医院以及相关企业合作、共建、共享将成为未来的发展模式。

医疗数据中心案例——沈阳市儿童医院

（1）用户背景

沈阳市儿童医院（辽宁省儿童医院）是一所集医疗、教学、科研、康复于一体的综合性三级儿童医院。

（2）应用需求

存在存储系统 I/O 性能差，原有服务器和存储设备因超期服役而性能不足，系统扩展成本高，IT 管理维护难度大等一系列问题。

（3）解决方案

❏ Dell EMC VxRail 超融合方案
❏ Dell EMC Isilon 存储解决方案

❑ ProSupport 专业技术支持服务

（4）用户收益

❑ 实现了高效化集成。VxRail 将存储、计算、网络资源整合到一起，承载了医院 100% 以上的业务系统。

❑ 实现了集约化扩展。VxRail 可在一个标准机架空间内提供数十台至数百台服务器的计算能力和存储能力，IT 部门可以采用"按需购买"方式来满足未来扩展需求。

| PART3 | 第三篇

专题报告

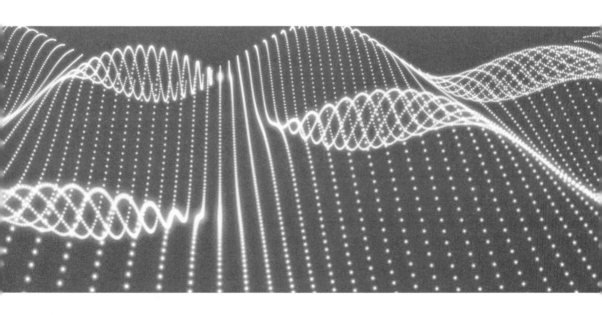

第七章 | Chapter7
汽车产业数字化转型的模式和路径

一、汽车产业数字化转型的内涵界定和主要特征

（一）内涵界定

数字化转型是指利用新一代信息技术，构建数据的采集、传输、存储、处理和反馈的闭环，打通不同层级与不同行业间的数据壁垒，提高行业整体的运行效率，构建全新的数字经济体系。○ 数字化转型是整个经济体系的转型升级，由每个细分产业的数字化转型构成。虽然数字化转型具有大体相同的模式和路径，各个行业都受到了数字化的影响，但是不同的行业受到数字化的影响程度并不一样。由于不同产业的发展阶段和产业特点差异较大，具体产业的转型路径和模式也各具特点。

汽车产业链条较长，涉及的行业领域较多，投入与产出较大，在信息化、自动化、智能化等方面处于领先水平。汽车产业数字化转型成为行业数字化转型的参考与示范，深入研究汽车产业数字化转型的路径和模式对推动全行业数字化转型具有指导意义。汽车产业数字化转型的内涵主要包括汽车产品的数字化转型和产业链全流程的数字化转型两大方面，涉及汽车产品的智能网联化、产品研发的数字化、供应链管理的智能化、生产流程的自动化以及产业价值的服务化等多个方面。

汽车产品的数字化转型是指新一代的汽车不再是单纯的出行工具，而是同通

○ 国务院发展研究中心，《传统产业数字化转型的模式和路径》，2018年4月

信技术、信息技术等多种 ICT 技术深度融合，成为智能化、网联化的新型智能汽车。汽车产品的数字化转型是汽车产业开启由制造向服务转型的基础条件，基于智能网联汽车的内容服务、管理运营服务和出行服务，已经成为汽车产业新的价值增长点。

汽车产业链全流程的数字化转型是指汽车产业链的设计、生产、营销、服务等环节的数字化转型。其中，生产环节包括供应链管理、自动化生产线、产品测试等内容，服务不仅包括基于车辆提供的售后服务和内容服务，还包括网约车、共享出行等出行服务。汽车产业链的每个环节都与 ICT 技术快速融合发展，从而提高每个环节的生产效率，提升产品和服务的质量，打造全新的服务内容和服务体验，满足更多的用户需求，并快速迭代，实现整个汽车产业数字化转型的快速升级。

（二）主要特征

汽车产业数字化转型一方面遵循行业数字化转型的基本模式与路径，同时又具备汽车产业发展的特征，可以归结为如下几个方面：

数字化 IT 基础设施是数字化转型的基础。当前行业的数字化主要是基础设施的数字化，包括数据中心、云计算、大数据、物联网、移动互联网、敏捷开发等方面的普及与应用。通过数字化基础设施，逐步实现企业对设计、生产、管理、营销等环节进行在线的数据采集和流程管理。传统的 IT 基础设施无法通过全流程的数据采集和监控实现对流程的管理，更难以适应快速变化的业务需求带来的企业能力的转变。因此，数字化的 IT 基础设施是汽车产业数字化转型的基础，通过数字化的基数设施来构建企业数字能力，为数据的采集、处理和管理决策提供保障，从而为企业数字化转型奠定基础。

数据是汽车产业数字化转型的核心。构建新型 IT 基础设施，为企业数字化转型奠定基础，其核心目的是构建数据的采集和处理能力。用数据来支撑企业发展，是企业数字化转型的核心。通过全方位地采集企业数据，可以在数字世界重构企业和产品的模型；对数字世界中企业和产品模型的模拟和优化，可以预测现实世界企业和产品的发展，从而实现对整个汽车产业的快速优化升级。数据将贯穿产业环节的始终，是数字化转型的核心，合理地采集数据并将数据价值最大化将成为未来企业发展的核心竞争力。

以用户为核心构建全新的业务模式。数字化转型不仅仅是业务流程的数字化，更重要的是通过数字化手段来实现全新的业务模式。利用数字化手段，以用户为核心，满足用户的需求，意味着企业现有的商业模式将通过数字化升级的方式发生一定的转变。汽车硬件性能逐步趋同，因此硬件方面的产品难以形成较大差距，汽车企业只能逐步通过软件来构建自身的优势。数字化意味着每个企业将成为由软件驱动的经营主体。在未来的车企行业里，不管是传统车企还是新势力造车企业，都将呈现以软件驱动为主的发展态势。

汽车的"四化"与数字化转型同步推进。"电动化、智能化、网联化、共享化"是汽车行业的四个发展趋势，是汽车企业发展的重要方向。汽车的"四化"趋势和企业的数字化转型是相辅相成的，企业的数字化转型是汽车"四化"的重要推动力。"四化"方向代表着汽车从机械向电子的转变，机械结构简化，但电子软件内容占比提升。无论是智能化、网联化还是共享化，都是基于汽车产品的数字化和发展模式的数字化。因此，领先的数字化能力可以护航车企驶入"四化"新赛道。

二、汽车产业数字化转型的先进经验借鉴

（一）先进经验借鉴

1. 德国：推进"工业4.0"，全面开启汽车电动化变革

德国是现代汽车的发源地，也是生产汽车历史最悠久的国家。2018年，德国乘用车销量为343.6万辆，世界排名第四，仅次于中国、美国和日本，但德国汽车销量已经连续四年呈现负增长。德国汽车市场目前已进入成熟阶段，标志是自主品牌份额远高于其他品牌，国内市场趋于饱和，汽车产业的增长主要依赖出口，并且在豪华车市场拥有高市场份额。德国的汽车产业链以整车企业为核心，上游聚集大量的中小型零部件供应商，这些零部件企业包括许多细分领域的龙头企业，整车企业与零部件企业共同构成了庞大的汽车产业生态。整车企业与上游供应链上的零部件供应商、本土高校、研究资源以及跨界公司深度绑定，形成稳固的研发与生产体系。德国汽车产业投入大量的成本，支持国内核心工厂进行高端技术研发、整车设计、质量把控等，并在国外寻找劳动力低廉的国家设厂，进行简单生产或直接将部分生产外包给国外工厂。

德国汽车产业研发投入巨大，大力推进"工业 4.0"发展。德国汽车产业每年投入大量的研发费用，高研发创造高产出，德国汽车专利领先世界。2017 年，德国汽车产业总研发费用约 220 亿欧元，占全国研发投入近 40%。⊖德国作为制造业大国，大力推进"工业 4.0"发展，创建智能工厂的趋势正盛，这在汽车行业尤为明显，汽车行业在智能工厂中投入了大量的资金。凯捷咨询公司的报告显示，汽车行业正在对数字化生产业务进行更大规模的投资，并为其设定更高的目标。到 2022 年底，预计 24% 的汽车制造商工厂将是智能工厂，49% 的汽车制造商在智能工厂上投资已经超过 2.5 亿美元。⊜德国在这方面的投入一直处于世界前列。奥迪早在 2016 年便推出了"智能工厂 2035 计划"：未来的工厂没有装配线，但拥有现代化的、灵活的生产站。目前，奥迪已经在某些领域实现了该目标。大众积极推动生产的数字化，规划到 2025 年，大众汽车集团所有的生产基地，包括在中国的生产工厂，都将实现数字化规划和网络无缝切换，从而保证自我控制、自我优化和可持续的生产。"工业 4.0" 是一个整合的概念，其中包括生产 4.0。生产 4.0 从研发开始，贯穿设计以及生产的每一个环节，包括数字化管理手段、数字化技术以及自动化流程的应用。德国车企的发展与大众类似，都在快速推进"工业 4.0"，将数字化、机器人和人工智能等内容融入企业日常业务运营的方方面面。

欧盟节能减排要求日益严苛，车企开启全面电动化。在燃油车领域的领先优势和巨大利润，使德国企业不愿意放弃内燃机的道路，向新能源转型的步伐缓慢。德国人对燃油车的喜好也影响了德国新能源汽车的推广。德国在推行电动车的初期受到极大阻碍，原计划在 2014 年达成年销 10 万辆新能源车的目标，最终仅销售 2.4 万辆。2017 年，德国国内新能源车市场份额达 1.6%，仍未达到欧洲平均水平，但相比 2016 年的 0.6% 已有巨大提升。2017 年，德国汽车在大部分国家的传统车和新能源车占据的市场份额十分接近。但欧盟对于汽车的排放要求较为激进，要求车企在 2021 年将汽车的二氧化碳排放量控制在 95g/km⊜。按照现在技术的进步速度，仅依靠提升燃油车的发动机效率不可能达到欧盟标准，这给德国汽车的对外销售造成巨大阻力。2019 年底，德国政府计划提高新能源汽车补贴金额，以便快速推进新能源汽车的推广和普及。大众、奔驰和宝马等德国车企也高度重视

⊖ 国泰君安，《汽车行业德国汽车产业研究：立足本土，迈向世界，拥抱新能源》，2018 年 11 月
⊜ 凯捷咨询，《智能汽车工厂：汽车制造商如何从数字化工业革命中获益》，2018 年 4 月
⊜ 《欧洲议会和理事会第（EU）2019/631 号条例》

新能源汽车的发展，加快开启电动化转型之路。大众计划在电动汽车领域投入 300 亿欧元，投资力度超过其他公司。到 2022 年，大众将在全球拥有 8 家生产电动汽车的工厂。预计到 2029 年，大众将累计推出超过 75 款纯电动车型及 60 款混合动力车型，并实现累计销售 2600 万辆电动汽车的目标。宝马也发布了激进的电动化路线，2025 年，宝马新能源家族将增至 25 款。除整车外，宝马还布局动力电池和电池材料等环节，确保获得对电动汽车至关重要的电池技术。奔驰计划到 2030 年，电动车型（包括纯电动和插电式混合动力车型）占乘用车新车销量一半以上。据德国汽车工业联合会（VDA）统计，德国汽车行业将在 2022 年以前投入超 400 亿欧元用于加快电动汽车研发，德国作为传统汽车大国，将快速进入全面电动化新时期。

2. 美国：凭借 IT 技术优势，积极推动汽车产业的智能化与服务化

2018 年，美国新车销量达到 1727.4 万辆，同比增长 0.3%，是仅次于中国的世界第二大汽车市场。美国通用汽车和福特是美国本土两大汽车品牌，占据销量排名的前两位。但与德国的情况不同，美国本土品牌汽车在销量中占比并不高，仅有 30% 左右，70% 左右的份额被日本和欧洲车企占据，其中丰田、本田、FCA、日产等汽车品牌占据了大量的市场空间。2017 年，美国汽车产业 GDP 为 0.7 万亿美元，占整体 GDP 的 3.6%。对比日本、中国和德国的汽车产业在制造业中的支柱地位，美国的汽车产业在其 GDP 的占比并不高。但这并不意味着美国汽车产业不发达，相反，美国的服务业、互联网、电子信息等产业高度发达，美国汽车产业正在与科技行业深入融合，不断提升产业价值。

凭借制造业和 IT 产业的优势地位，美国正在引领汽车行业革命。早在 100 多年前，福特公司革命性地引入了流水装配线，提升了汽车生产效率，大幅度降低福特 T 型车的成本，从而推动了汽车的普及，开启了汽车快速发展的新时代。如今，随着 IT 技术的快速发展以及制造业与 IT 技术的深度融合，汽车生产制造正在面临新一轮的革命。全新的数字化仿真设计可以大幅度提升汽车设计效率，虚拟仿真测试可以用虚拟化方式验证汽车碰撞测试结果，有针对性地提出优化方案。将汽车结构设计与生产流程相结合，利用人工智能、大数据等手段优化车身设计和生产线流程，可以大幅度提升制造效率，降低成本。空中升级技术（OTA）的应用可以实现软件、硬件的独立开发，并且缩短车辆的软件测试周期。以美国的特斯拉为例，特斯拉通过仿真测试，建立车身结构、电池包设计和外形设计等模型，

在制造测试车辆之前便优化出多个最优设计，降低测试成本，缩短研发周期。在生产制造环节优化生产流程，大规模采用机器人，全方位提升自动化程度。这种方式在早期投入巨大，但一进入大规模量产阶段，生产效率、质量控制等优势十分明显。特斯拉车辆均具备 OTA 技术，车辆交付之后，仍可以通过车载网络来采集车辆数据，优化车辆性能，扩展车辆功能。这样，一方面可以不必等待所有软件功能开发完成后再进行销售，缩短研发上市周期，另一方面可以不断升级车辆功能，持续提升车辆附加值。

智能化成为汽车产品竞争力体现，美国引领自动驾驶技术发展。在汽车的电动化、网联化、智能化和共享化的"四化"过程中，最具有颠覆性且技术难度最高的就是汽车的智能化。无人驾驶汽车是传感器技术、芯片技术、人工智能、高精地图等一系列高新技术的集成体，美国的无人驾驶技术处于世界领先地位，引领传统汽车向无人驾驶转型的浪潮。在此次汽车产业发展变革中，汽车正在由机械产品向电子产品转变，软件与汽车电子在汽车中的重要性逐步凸显，其价值也在快速提升。Waymo 等美国无人驾驶公司一直从事前沿的自动驾驶系统开发，经过大量的虚拟仿真与道路测试，积累了海量的自动驾驶路测数据，有先进的自动驾驶解决方案。自动驾驶技术可以用于出租车、物流车、公交车等多个领域，既可以降低人力成本，又可以提高道路交通安全。基于自动化和网联化提供的自动驾驶出租车服务，在车辆的全生命周期可以提供远远高于车辆本身售价的服务价值。美国基于自身在软件、信息技术等方面的优势发展自动驾驶，推动出行服务市场发展，追寻汽车产业变革的发展方向，创造新的价值制高点。

（二）重要启示

汽车产业是工业领域数字化转型的重点产业。

数字化转型需要较高投入，同时也能够带来较高的经济收益。汽车产业规模较大，汽车企业的投入与产出一直保持较高水平，是数字化转型快速推进的重点产业。德国、美国等国家在产业经济数字化转型推进中，均将汽车产业作为优先发展的重点行业，转型难度相对较小，转型效益可观。另外，在工业领域中，汽车行业的自动化程度最高，数字化基础最好，相关人员对于数字转型的理解较为深入。因此，在推动工业领域数字化转型中，将汽车产业作为发展重点，有利于形成转型示范，探索发展路径。

（1）电动化、智能化是汽车产业数字化转型的重要内容

汽车产业数字化转型最先从生产制造环节开始，通过数字化的方式，优化产品设计、生产工艺、销售和服务体系。但随着汽车产业"四化"趋势的快速发展，电动化、智能化正在成为汽车产业数字化转型发展的重要内容。德国典型车企正全面加速电动化发展进程，美国车企也制定了全面电动化的发展目标。自动驾驶更是各国关注的重点，不仅车企纷纷加入自动驾驶技术的研发中，汽车零部件供应商、IT 企业也在此领域加大投入，汽车产业竞争赛道逐步从传统的制造向智能化方向转移。因此，推动汽车产业数字化转型必须重视汽车产业发展趋势，与汽车的电动化、智能化同步发展。

（2）出行服务逐步成为汽车产业价值链制高点

随着汽车产业智能化和网联化的发展，基于车辆本身的后服务价值逐步凸显，车辆用于出行服务所创造的价值远高于车辆本身销售的价值。特别是在新一代移动通信、云计算、人工智能等技术的支撑下，车辆与数字空间进行了紧密连接，以前在现实中无法实现的服务需求对接，在数字空间可以得到匹配，从而大幅度提高服务对接效率，降低对接成本。出行服务所构建的多方互利商业模式逐步形成，并且将快速发展。美国的 Uber 率先推出了互联网出行服务业务，随后中国的互联网企业快速跟进，德国、日本的传统车企也纷纷进入出行服务行业。在新一轮的出行服务发展中，以 Waymo、文远知行为代表的自动驾驶企业推出新一代基于自动驾驶的出租车服务，尝试进一步提高运营效率，降低成本。因此，在推动数字化转型进程中，应该重视产业价值的变化，围绕市场需求调整业务模式。

三、汽车产业数字化转型的发展现状、需求和存在的问题

（一）发展现状

汽车产业源于欧洲，从卡尔·本茨发明汽车以来，经历了多个历史阶段。以福特为代表的流水线生产方式降低了成本，促进了美系汽车的崛起，而以丰田为代表推进的精益化生产，成就了日系汽车的崛起。中国汽车产业经过多年的发展，已经形成自己的产业格局。中国是最大的汽车销售市场，但随着近年来汽车销量的下滑，国内汽车行业竞争加速，行业变革一触即发，"电动化、智能化、网联化和共

享化"成为行业发展的必然方向，中国汽车产业迎来了由大变强的重要机遇期。

汽车产销量、保有量高速增长，交通压力日益突出。

2018年，我国汽车产销量分别为2780.9万辆和2808.1万辆，比2001年增长十多倍。自2009年以来，我国汽车销量稳居全球第一，目前已经超过美国和日本销量之和。在机动车保有量方面，截至2018年底，全国机动车保有量达3.27亿辆，其中，汽车保有量达2.4亿辆，私人汽车拥有量达1.89亿辆。中国目前正在进入新型城镇化和快速机动化阶段，城市交通、环境、健康面临着严峻的考验。快速增加的机动车对能源、环境、城市资源和行车安全提出了严峻的挑战，倒逼城市交通模式转型。与公共交通比，私人汽车交通不仅仅带来高耗能、高排放，同时也造成社会能源、资源的高浪费。保障私人汽车交通发展，必须建立有保障的石油供应体系和大量的基础设施。如何用更少的资源、能源消耗来满足多数人的个性化、机动化交通出行需求，以公共交通的方式提供个性化、机动化的交通出行服务成为当前社会需要解决的重要问题。共享出行成为解决以上问题的一种重要的创新模式，共享出行的商业模式如果能够实现，可以大幅度降低全社会的汽车保有量。这样，就可以在满足全社会高质量、个性化交通出行需求的情况下，保持所消耗的资源、能源水平与目前大体相当。

（1）汽车新四化成为产业发展重要方向

"电动化、智能化、网联化、共享化"是汽车业界公认的产业发展方向。"新四化"既有各自独特的内涵，又有紧密的相互联系，不仅限于汽车产品技术本身，而是涉及全产业链的各个环节。汽车的电动化发展迅速，爆发在即。智能汽车在全球范围内已进入快速发展期。我国将智能汽车发展纳入顶层设计，产业发展进入快车道。传统车企、互联网企业等网联化跨界合作进入深度整合期。目前，传统车企正加快自身转型升级，互联网巨头、传统零部件巨头、初创企业等利用自身高度智能化数据分析和决策软硬件能力等优势，通过跨界融合、投资/并购等方式，积极参与智能网联汽车产业链布局。汽车共享出行步入全面快速发展的阶段。汽车共享出行可分为网约车、分时租赁、顺风车、P2P租车等，目前汽车共享里程占比大幅增加。随着新能源汽车、自动驾驶技术不断提升，预计到2025～2040年，共享出行将进入行业快速发展期。

（2）汽车产业链和价值链将发生重大变革

未来的汽车产品将是集成人工智能、移动互联网、物联网、云计算、能源存储、可再生能源等新技术的综合应用车载平台。汽车产业与制造业、交通运输业、地图产业、IT等产业深度交叉，产业生态体系不断丰富，产业链和价值链将发生重大变革，主要表现在如下几个方面：一是车-电分离。"车电价值分离"是指在换电模式基础上，消费者购买裸车，动力电池由第三方电池管理公司统一持有和管理，消费者以租赁方式获得电池使用权，从而实现车电价值分离；二是车-控分离。从技术角度考虑，要达到智能汽车网联化，搭建大数据云控基础平台以及发展相关汽车云控技术至关重要。云控基础平台可以为智能网联汽车提供车路云一体的云端协同感知、决策、控制能力；三是软-硬分离。面对汽车市场和消费者对汽车数字化的需求，汽车产业链价值创造由汽车硬件的研发制造驱动逐步转为由软件和服务驱动。在汽车研发、制造和服务等产业价值链的环节呈现出汽车软硬件分离的趋势；四是车-用分离。新一轮科技革命将引发出行革命，带来出行方式、出行业态、商业模式、出行需求、支付方式和市场格局的重大调整，汽车的所有权和使用权将在汽车产品到达终端消费者之前发生分离，在分离过程中会催生新型平台公司。

（3）产业链价值高点从汽车制造向出行服务转移

电动化、智能网、网络化相关技术的进步，支撑着汽车平台经济和共享出行模式的落地发展。汽车的产品价值逐步从一次性销售向后期持续服务转移。汽车平台经济和共享出行模式使消费者由购买汽车转向购买出行服务。随着使用Uber、滴滴等专车和各类共享出行平台的司机和出行者越来越多，端到端（P2P）连接服务的信息成本越来越低，平台经济的双边市场活跃度越来越高，个人出行的服务需求将得到更好的满足，使得大量闲置的私家车资源得到更高效的利用。平台经济和共享出行累积的效果除了提高社会资源的利用率外，还显著改变了消费理念，新生代消费者"用手机购买出行服务"的习惯逐步养成，对汽车产品本身的购买欲望越来越低。德国Bitcom协会的调查表明，61%的德国人表示如果在未来可以通过手机实现方便、快捷的自动驾驶车辆预订，将不考虑购买私家车。⊖

上述变化最终将会导致另一个新的产业特点——车-制分离。随着产业变革，目前的汽车制造商将有可能逐渐演变为出行平台服务商、未来汽车制造商和汽车代工厂。汽车代工厂应具有柔性的生产线，能够满足多品牌、多车型的生产，聚焦制造能力的提升，通过规模化生产获取利润。随着汽车电动化的推进，模块化

⊖ 王晓明，《新时代，新格局：汽车产业的解构和重构》，中国汽车报，2018年2月

生产企业（特别是动力电池）在乘用车领域将通过生产标准化、通用型产品，取得独立的市场地位。随着整车产能越过市场饱和点，未来不排除出现独立的无品牌代工型企业，同时也将会出现跨域进入者，对"核心产品"进行重新定义并取得市场认可，成为新兴的车企。随着共享出行的兴起，共享出行企业需要有专业的代工厂来满足其特殊的要求，通过充分挖掘用户需求特征，根据不同共享出行需求开发适合于共享的新能源汽车产品。

（二）需求

产品智能化是提升产品市场竞争力的关键。

汽车市场已经从增量市场转变为存量市场，市场竞争日益激烈，产品优化升级加速。提升汽车智能化程度，全力发展智能网联汽车已经成为企业发展的共识，这将持续改变传统车企的产品设计、研发与生产模式。传统汽车在电子、电气方面的研发投入将大幅增加，电子技术方面的创新将成为汽车行业创新的重要推动力。预计到2021年，汽车产业70%的创新都将来自数字技术的重组。[一]消费者对于汽车产品的智能化提出更高需求，企业推出高品质的智能化产品将成为提升产品竞争力的关键。

（1）研发数字化转型是实现大规模定制产品的基础

随着汽车产品向高端化发展，高效地生产满足用户个性化需求的高端定制化产品将成为车企的重要能力。汽车零部件繁多，供应链关系复杂，在传统的生产工艺和供应链管理架构下，个性化定制和批量化生产是相互矛盾的。只有通过研发的数字化，将消费者需求、产品设计、产品生产和销售等渠道全部打通，大规模定制化生产才能够实现。依托数字化体系，消费者的个性化定制需求从电商平台自动与DMS、SAP等管理流程对接，链接生产环节，而自动化技术将支撑定制化与批量化生产方式的共存。

相关案例——上汽大通实现C2B消费者定制

上汽大通基于数字化平台，采用以消费者为核心的C2B定制化模式。该平台包括数字化运营体系和数字化营销体系：通过"我行数字化用户运营"，洞悉

[一] 王岳，阿里研究院，《AI时代下的汽车业数字化变革》，2019年5月

用户产品需求及产品使用数据，推动新产品开发及产品迭代；通过"蜘蛛智选"，打通营销体系和研发制造体系数据链，实现用户个性化产品和服务需求。通过一整套从认识用户、直连互动、众智造车、随心选配、个性创造、自选服务到安心置换等用户全生命周期的数字化场景体验，帮助用户参与汽车开发及使用过程的互动与决策，满足用户高质量互动体验和个性化需求，实现用户运营在线、营销在线、设计在线、制造在线、供应链在线和车在线等，使用户可以与主机厂直接联系，提出产品需求、产品选配意向、下单和接收车辆。

（2）数字化转型可以提高生产效率和质量

汽车行业作为传统的制造业，生产制造环节是其核心的环节，也是汽车产业数字化转型的重点环节。通过对采购、生产、库存、资金、质量、能耗、设备状态等业务数据的及时洞察，可以帮助企业清楚了解生产和运营管理中的各类复杂问题并逐步改进。自动化生产技术的应用和生产工艺在大数据指导下不断提升，从而提高产品的销量和质量。善于深度应用数字技术的制造企业将赢得显著的竞争优势。另外，只有推进数字化转型，车企才能满足产品的快速迭代需求和日益复杂的合规性要求，通过对生产过程和零部件的全流程追溯，实现产品生产效率的提升和产品的优化升级。

相关案例——上海明匠智能赋能汽车座舱柔性制造

上海明匠智能帮助奇瑞捷豹路虎汽车公司实现路虎极光座舱系统柔性数字化工厂，升级前仪表盘总成装配线项目，建设产线 MES 系统、高柔性环形支持换线的装配线和无人发运线，实现对大于 1000 种配置的前仪表盘总成装配的支持。借助明匠智能 MES 系统自动提取 OEM 订单，生成装车单，MES 系统排序生产，所有工位通过柔性电子指导书指导装配，通过牛顿 1.0 工业物联网安全网关采集各工位扭矩枪等工艺参数，环线配备无线控制小车，每个工位利用 POKA-YOKA 防错技术，通过在线检测平台 CAN+LIN 总线检测前仪表盘总成所有电气回路的装配是否完好，通过视觉检测技术对比订单，最后 MES 系统控制排序发运，大幅提高了产品生产效率和质量水平。

（3）数字化转型可以为后服务市场提供条件

在传统的汽车产业链中，设计、研发、生产、制造、销售流程最终以产品交付到车主手中为终结，后续的维修保养与整车销售相比占比较低。产品完成销售后，车辆本身基本与车企脱离关系，车企难以获得车辆数据，也无法基于车辆提供后续增值服务。汽车产品的数字化转型可以通过网联功能打通产业链各环节数据，形成数据闭环。产品销售后，以产品作为平台为车主提供后服务内容，车辆的运行数据同时也为后续车型的研发提供反馈。通过数字化转型构建的数字化体系打通了车辆数据与车企内部研发、销售、服务平台之间的联系，为开启后服务市场提供了必要的条件。

相关案例——Volvo 汽车专注客户服务数字化

Volvo 汽车在数字化转型过程中，除了发力研发设计环节以外，还致力于汽车营销和后市场服务的数字化。通过打通客户信息孤岛，建立客户统一ID，利用大数据技术清洗去重，解决经销商的客户数据造假问题。在此基础上，面向消费者推出"沃频道"等多种应用，根据客户喜好精准推送更好的服务，同时提高客户转化率，增强消费者体验，实现对供应商和消费者的精准管理。

（4）出行服务化改变汽车产业链价值高点

以消费者需求为核心，满足消费者不断变化的需求，是汽车产业数字化转型需要解决的核心问题。汽车从本质上讲是一种满足人们出行需求的工具。在新技术驱使下，逐步衍生出更便捷、高效的出行方式，汽车产业的组织结构和价值将也将随之重构。网约车、分时租赁等出行服务提供的高效解放方案，满足了人们的出行需求，并逐步推动人们完成从购买车辆到购买出行服务的转变。随着需求的转变，出行服务将成为汽车产业链的重点发展环节，汽车产业链的价值高点也将从整车制造向出行服务转移。数字化转型可以帮助企业向出行服务转变，是企业满足用户需求、夺取产业价值高点的重要手段。

（三）存在的问题

1. 传统汽车产业与IT产业融合的问题

汽车产业属于传统制造业，流程较为固定，产业链较长，产业环节和组织方式较为复杂；而IT产业属于新型产业，产业链较短，产业组织方式灵活，产品迭代速度较快。传统制造产业如何与新兴的IT产业有效融合，利用IT技术提升产品智能化程度和制造水平，是汽车产业转型升级面临的首要问题。从产品层面来看，整车研发周期通常在36个月左右，而电子产品的研发周期通常在6个月以内；整车的更新周期通常在10年以上，而电子产品的更新周期通常在两年左右。二者的研发周期和更新周期差异明显，一方面需要加速研发周期，另一方面需要设计适合两类产品共同开发的新型研发模式。从汽车产业链环节来看，汽车产业涉及的研发、设计、生产、销售、服务等多个环节，每个环节均包含各种复杂的数据，如何采集不同条件、不同类型、不同格式的数据，并将其转化为IT系统能够识别、处理的有用数据？这就需要设计一套相对复杂的系统对现有产业环节进行升级改造。

2. 数字化转型的成本投入与产出问题

数字化转型前期通常需要进行大量的资金投入，用于IT基础设施建设、全流程的数字化改造、软件服务的升级甚至重构业务发展模式。车市下行导致的营收压力和利润压力给车企的发展决策带来较大的困难。面对数字化转型，车企一方面不得不投入大量的资金，另一方面又担心投资回报和目前较低的利润水平。如何合理有效地推进数字化转型，重构核心业务流程，在有效的投入条件下，既能够取得显著的短期经济效益，又能够兼顾实现长期发展转型，成为车企领导最关心的问题。从数字化产生的效益来看，结合物联网和自动化技术，可以缩短产品开发周期，提高劳动生产效率，减少库存，最终实现提高生产效率、节约成本的目的。但数字化转型的投入需要结合企业发展实际情况和具体的发展阶段来确定，较少的投入无法带来实际益处，而过高的投入则将导致短期的利润下滑，影响长期发展。

相关案例——宝马通过数字化降低生产能耗

宝马于2014年引入智能化能量管理数据系统（iEMDS），使工厂可以不间断地测量机器人和生产设备的能量消耗，并把相关数据上传到公司大数据网络。

这些智能仪表可以提前识别出过度消耗的偏差值；分析数据还可以预防个别机器人和生产设备的损毁，确保了车辆的一流品质。工厂不仅能实现生产线低能耗高产出，还能保证产品品质。采用该系统后，2015年宝马车辆生产的能量消耗水平较2006年下降了31%；2020年，生产每辆车的能量消耗将至少降低45%。

3. 数字化转型与企业业务发展的融合问题

数字化转型不是为了转型而转型，也不仅仅是IT系统的升级，其最终目的是实现业务的创新发展，使企业能够更加便捷、高效地满足用户需求。因此，数字化转型要与企业业务发展进行深度融合，这就需要解决业务变革过程中的新问题。一是关于价值链的变化。原有的价值链涉及研、产、销、服，未来会围绕移动出行生态圈，实现以消费者与用户为中心的未来价值链。二是业务模式。目前的汽车产业模式是"产品＋技术"，企业通过过硬的产品和先进的技术获得市场份额。未来将向"以用户体验为中心"的市场及渠道策略转变。三是对于人和车的关系。以往汽车更多是作为代步工具，但未来的人车关系将更具情感化，车将成为人们生活的一部分。通过后续数据支撑互动，如何为用户提供更为丰富的后服务，创造更多价值，已成为整车公司所面临的转型问题。

4. 制造业与IT技术复合型人才缺失的问题

汽车产业数字化转型是在传统制造业的基础上融入新一代信息技术，优化现有流程，打造全新的业务模式。整个转型发展进程既不能简单地视为制造业的升级，也不能简单视为IT技术的应用，而应该看成两个行业的深度融合，共同打造适应消费者需求的全新领域，这对人才培养体系提出了严峻的挑战。在现有的人才培养体系中，制造业与IT技术所培养的人才具有不同的知识结构和思维方式，双方均难以深入理解对方行业的发展思路，两方人员合作时通常会产生分歧。汽车行业的数字化转型需要一批既熟悉制造业，又懂IT技术的复合型人才，只有这样，才能将数字化的思想渗透到传统制造业中，又不至于提出不切实际的发展思路。当前社会中，此类人才严重缺失，这也在一定程度上制约了汽车产业数字化转型的推进。

四、汽车产业数字化转型的主要方向和条件分析

（一）主要方向

1. 产品环节：与 IT 技术融合，发展智能化和网联化

智能网联汽车是未来汽车的发展方向，也是汽车产业数字化转型的重要方向。汽车中正越来越多地引入电子技术：首先是车辆动力系统的电动化。以动力电池和电机取代传统的燃油发动机，实现更精确的控制；其次是控制系统的线控化。线控转向、线控制动逐步取代传统的机械结构，使整车在执行层面可以实现自动控制；再次是车辆的网联化，车辆通过 4G、5G、C-V2X 等方式同外界进行通信，从而实现基于网络的数字增值服务；最后是智能化，通过自动驾驶系统，实现感知、决策和执行环节，打造全新的用车体验，全方位提升产品竞争力，更有望创造全新的商业模式。汽车与 IT 技术的融合是未来车企发展的重点，未来汽车产业在 IT 投入方面的占比将逐步扩大，IT 创新将成为汽车产业发展的重要推动力。虚拟现实技术也是汽车领域数字化新技术的重要应用场景。数字化的"虚拟汽车"可以在一定程度上替代传统的物理汽车模型，这种替代可以将新车型的造型设计验证时间从原来的 1 年多缩短至 2 个月，甚至可以将造型设计验证的成本降低到传统方式的 10%。

相关案例——福田汽车产业数字化缩短研发周期

福田汽车通过构建统一的数字化协同设计平台，支持在线设计、基于骨架模型的关联设计以及基于成熟度的并行设计，实现了跨区域、多专业领域的协同。协同设计平台系统的建设与应用，将使各专业设计参考更统一，设计状态更同步，从而大大缩短产品研发周期，将设计效率提高 20% 左右。实时在线设计与整车虚拟样车实时共享提高了数据应用的时效性，使后期设计修改成本减少约 50%，工作周期缩短 1/3 左右，前期研发成本节约 1/5 左右。

2. 设计环节：重塑设计流程，支撑产品创新

设计环节的数字化转型的意义在于可以通过技术手段让用户更多地参与设计中，让更多的历史经验和历史数据叠加到产品的设计中，前者可以更加有效地满足用户对产品的需求，而后者则可以提升设计的效率和产品的设计水平。通过构建基于云的 C2B 协同研发平台，可以实现设计师、消费者、第三方研发人员的协同设计。客户有机会参与汽车研发的全过程，为自己选车、造车，从中获得满满的参与感。用户不仅可以在平台上自由选配、定价，还可以参与车型定义、设计开发、汽车验证的全过程。此外，平台还面向外部供应商、工程师、设计师、美术师，以众创、众包、众筹的方式让研发更高效、新车的上市速度更快。预计到 2025 年，50% 的新车将通过 C2B 协同研发平台进行设计、开发、销售[①]。C2B 云平台的意义在于帮助企业以用户需求为核心设计产品，将传统的消费型客户变成超级客户，从产品硬件层面满足消费者的个性化需求。

3. 生产环节：推进"工业4.0"，打造高品质产品

汽车产业的核心环节是生产，但在汽车产业中推进"工业4.0"，不仅仅是为了提升生产环节，而是通过通信技术、软件技术将产品、客户与生产线联系起来，把产品的信息采集扩展到产品研发、生产环节、物流环节、销售和售后服务的每个环节。目前，汽车产业的自动化程度较高，未来将通过进一步引入人工智能技术，提升生产效率和数据价值。人工智能技术在汽车生产排产、供应链管理、设备维护、能耗管理、工厂安全、图像质检等众多环节快速落地，可以让焊接机器人的生产节拍更快、产能更高，可以帮助车间员工提升组装效率与质检效率，还可以让厂内物流运转得更高效。未来，人工智能应用的密度与质量将成为拉开车企在生产端实力差距的关键。

4. 服务环节：围绕用户需求，注重后服务市场发展

对于传统的汽车研、产、供、销、服的产业链模式来说，汽车销售完成后产业链基本完结，车辆的后续使用已经与车企无关。但企业通过数字化转型，实现车辆网联化和全产业链流程的数字化后，车辆销售仅是车辆后服务的开启。汽车预测性维护能够实时检测车辆状态，使企业主动提供车辆服务，大幅度减少机械

---

① 王岳，阿里研究院，《AI 时代下的汽车业数字化变革》，2019 年 5 月

故障和召回情况。这种预测能力不仅限于私人车辆，还可运用到运营车辆，实现车队管理功能。货运行业已经采用了类似的传感器技术和物联网技术，使公司可以主动监测数据，以确保卡车安全、燃料优化，甚至监控货物。此类解决方案的领导者之一 SAS 已经部署了相关的解决方案，并取得了良好的业绩，其中包括卡车正常运行时间有超过 30% 的提升，以及对 30 天内的故障预测的准确率达到 90%。另外，对于新能源汽车使用数据的采集和分析，是动力电池梯次利用及回收的基础。通过对车辆充电数据、放电数据、动力电池容量、电流、电压、温度等多维度数据综合分析，结合人工智能、大数据等手段，可以精确诊断动力电池的健康状态和剩余寿命，从而选择动力电池体系利用和回收的最佳途径和应用场景，充分发挥动力电池全生命周期的使用价值。后服务市场的另一个重要领域就是直接通过服务的方式满足用户的核心需求——出行服务需求，构建移动即服务（MaaS）。通过提供出行服务的方式，用户可以消除巨大的前期成本，如车辆购置成本、使用成本、维护成本等，移动即服务（MaaS）成为客户节约成本的新方式。出行服务需要基于全新的车联网硬件及软件，将网联服务、定位服务、路径规划服务通过云端与客户的手机客户端连接，实现供需对接。出行服务有可能导致新车销售业绩的下滑，但通过车辆运转效率的提升，可以提升行业的整体利益。

（二）条件分析

1. 推动 5G 发展，迎接车联网发展新机遇

2019 年是我国 5G 元年，三大运营商纷纷启动 5G 试商用，5G 正在加速到来。5G 不仅意味着网络速度的提升，还有丰富的链接和低延迟特性。5G 的特点可以概括为三个方面，首先是增强型移动宽带，其次是为关键业务型服务提供支持，最后是海量物联网（含车联网）的支持。对于车联网来说，更低的延迟对于车辆的安全尤为重要。5G 增强了移动带宽，峰值速率可达 20Gb/s，支持更低的延时（≤ 10ms）、更高的可靠性（＞ 99.99%）以及更大的带宽，这些数据都意味着能够获得更高的安全性。过去，自动驾驶和车联网即使有国家政策的支持，也因为许多客观原因而难以快速发展，主要原因在于基础技术仍存在瓶颈，而 5G 网络的商用势必为自动驾驶和车联网的融合提供更合适的发展契机。

利用 5G 技术低时延、高可靠、高速率和大容量的能力，车联网不仅可以帮助车辆间进行位置、速度、行驶方向和行驶意图的沟通，更可以利用路边设施辅助

车辆对环境进行感知。比如，车辆利用自身的摄像头可能无法保证对交通信号灯进行准确的判断，进而可能会发生闯红灯的违章行为，但是利用车联网的 V2I 技术，交通信号灯把灯光信号以无线信号的方式发送给周边车辆，确保自动驾驶汽车准确了解交通信号灯的状态，提前做出判断，适当地加减速。

2. 建立企业云平台，提高 IT 系统利用效率

从传统数据中心向云计算转化，可以避免建设大量 IT 基础设施，节约成本，快速搭建需要的应用，及时应对业务变革。最重要的是，"IT 云化"可以大幅度提升 IT 基础设施的灵活性和可扩展性，这对数字化转型尤为重要。数字化体系中对数据的处理和存储能力有较高的要求，但同时具有不确定性和突发性，利用弹性的云计算架构，既可以满足弹性计算的需求，又可以满足低成本的需求。混合云是未来云计算的发展方向，可以利用私有云来保证数据的安全，利用公有云来补充外部计算能力。基于云平台构建的基础设施，可以较好地兼容下游的数据采集，在数据中台实现数据的汇聚，统一对外提供数据和技术能力，上游可以独立开发应用，最大限度地发挥数据价值。

图 7-1 所示为典型的工业大数据平台架构。

（1）物联网与边缘计算同步发展，构建数字工厂

随着物联网的发展，工业制造设备产生的数据量将越来越多。如果将这些数据都放到云端处理，就需要无穷无尽的频谱资源、传输带宽和数据处理能力，"云"难免不堪重负，此时就需要边缘计算来分担云计算的压力。工业数据的采集和传输基本都采用"端–管–云"的模式。在应用的现场，"端"负责收集数据、执行指令，"管"打通数据的传输路径，而"云"负责所有的数据分析和控制逻辑功能。整套流程能否顺利打通，对数据采集、分析、应用能力至关重要。在工业现场的边缘侧进行数据采集、处理及传输的边缘计算网关承担着工业数据传输的重任，再与云平台进行融会贯通——边云一体化，最后利用大数据分析，赋能生产，才能发挥工业数据的真正价值。

（2）增强信息安全，为"安全生产"提供保障

保证安全生产是所有行业发展的重中之重。汽车产业进行数字化转型时，要在传统制造过程中增加诸多新技术、新架构，安全问题也是产业转型面临的重大问题之一。安全问题主要来自生产安全和信息安全两个维度，需要分别从生产管理和 IT 技术两个方面寻找解决方案。生产方面，可以借鉴先进工厂的先进管理经

验,利用管理方式和传感技术的提升来保证安全生产和不间断生产,生产类安全事件目前已经较为罕见。信息安全方面,则需要通过先进的 IT 技术给予保障,这包括 IT 基础设施硬件的安全、网络加密与安全、云端安全和系统安全多个维度。目前,主流的 IT 企业均在信息安全方面做了大量工作,为企业提供了多种选择。

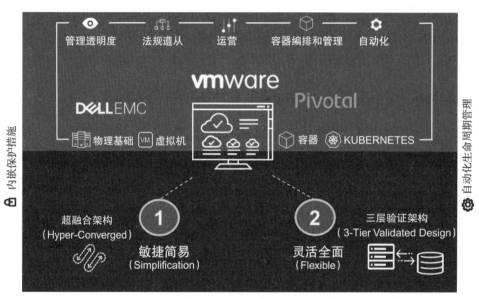

图 7-1　典型的工业大数据平台架构㊀

（3）推广区块链应用,追溯产品服务全流程数据

汽车产业是一个多方参与的复杂生态系统,产业链长,参与者多,涉及的数据量大。利用区块链技术来确保汽车设计、生产、销售、运行、回收等全流程信息被共享和信任,并且不能篡改,可以安全可靠地追溯产品服务全流程数据,从而基于可信数据构建汽车数字经济体系。首先,对于整车及零部件数据追溯,从汽车零部件创造、安装到车辆退役,可以持续 15 年或更长时间。使用区块链,可以将保修信息、质量问题、可回收性等数据与车辆本身绑定,为车辆的保养、维护等提供可信参考。这对于动力电池的回收利用尤为重要,因为动力电池的寿命远高于车辆的使用寿命,对于后期梯次利用与回收的价值评定,必须基于可信的使用过程数据。除了零部件管理外,也可以通过区块链技术对汽车软件的更新进

㊀ 图片来自戴尔科技集团。

行跟踪。目前，随着智能化程度的提升，高端车辆包含超过 1 亿行代码，这些软件都必须保持最新。另外，基于区块链的智能合约，可以真正实现去中心化的服务和安全的数据验证，在汽车共享、保险理赔，事故定责定损等方面，均可以利用区块链技术来解决汽车服务中合同谈判、起草、签署、执行和跟踪等环节的高成本、低效率问题。消费者可以在需要使用共享汽车时，通过智能合约支付定金后直接将车开走，使用完毕后再通过智能合约支付费用和拿回押金。消费者的租赁行为在区块链信息平台进行认证并实时更新，简化了租赁流程，实现真正意义上的"共享经济"。

五、汽车产业数字化转型的主要路径和典型案例

（一）主要路径

汽车产业数字化转型本质上是利用 IT 技术对现有产业现状进行升级，使其能够最大限度地提高效率、提升质量并且降低成本，最终实现以用户为核心，满足市场快速变化的产品和服务需求，推动整个产业向高效化、高端化转型。推进汽车产业的数字化转型大体分为四个步骤。首先要实现流程的数据化，对整个生产流程的数据进行采集，用数据来描述生产过程；其次要实现数据的信息化。流程数据复杂多样，不同流程的数据种类和格式也差距较大，需要将数据转换为可用的信息；再次为信息的价值化，即利用人工智能等技术手段，对信息进行分析处理，针对具体场景和环节提取数据信息的价值；最后为价值的落地化。通过利用信息来改进生产、提升服务，将数据信息转变为可以落地的业务，从而直接创造价值。

汽车产业数字化转型的主要路径如图 7-2 所示。

1. 流程的数据化：采集生产流程数据，将生产流程数字化

数据采集是 IT 技术与汽车产业融合的基础，是各种 IT 技术融入产业、推动产业转型升级的先决条件。数据采集的基础建立在企业 IT 基础设施之上，目前通常采用高效的企业云平台，利用传感器、网络、数据存储等技术，实现生产服务流程中数据的采集、传输和存储。通常来说，采集的数据种类越多、精度越高，越能够为后续处理带来更高价值，但大量的数据采集也增加了数据采集的成本和后期数据处理的难度。因此，数据采集应该与业务需求同步开展，预留升级空间，

适度升级，从而保证数字化转型以低成本、高效率持续推进。

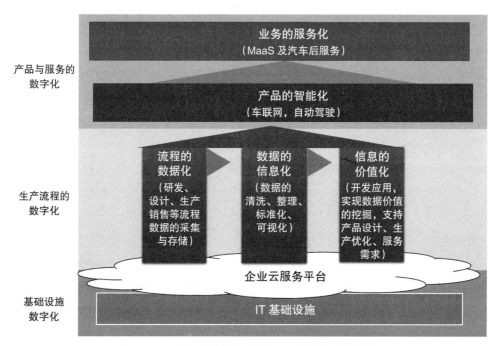

图 7-2　汽车产业数字化转型的主要路径（见彩插）

2. 数据的信息化：清洗、处理纷杂数据，构建数字空间模型

面对采集到的多样化数据，需要进行数据的清理、标准化、模型化等工作，才能够进一步使用这些数据。生产流程中的每时每刻都在产生大量数据，这些数据中通常存在大量无用数据，这会给 IT 系统以及后续分析带来负担，甚至引入干扰。数据清理过程可以清除无用数据，提升数据的可用性。其次要进行标准化，对于不同格式和种类的数据，按照行业相关标准，对数据进行转换处理，使数据符合应用的备注规定，以便后续处理。最后需要对数据进行模型化和可视化。通过数据构建数字空间模型，在数字空间描述物理空间，建立 CPS 系统是数据处理的重中之重。可视化不是数据处理必需的流程，但通过可视化可以更加直观地表现这个流程，便于管理者进行生产决策。

3. 信息的价值化：挖掘信息价值，指导产品设计、生产等流程

分析信息的价值的重点在于对于模型进行动态分析，找到生产过程中存在的

客观规律和核心问题。对于信息的挖掘，通常引入大数据、人工智能的技术，通过对大量信息进行分析，可以建立数据信息与生产环节的对应关系，从而预测影响生产质量和生产效率的相关参数，提出优化方案。通过对升级、生产、制造、销售服务等全流程进行分析，可以高效地安排升级节奏和供应链管理。通过与外界数据对接，可以综合考虑不同区域、不同年龄以及不同文化背景下消费者的需求变化，从而调整产品设计与生产工艺。基于数据价值的挖掘和分析，需要充分运用企业内外部资源，一方面要不断深入了解自身的业务特点，另一方面要不断加深对于外部行业需求的判断，有针对性地提出问题、解决问题，不断优化产品设计、生产等流程。

4. 价值的落地化：根据用户需求，打造全新的业务模式

数据采集、分析、价值挖掘的最终目的是使价值落地——将在数据中获取到的有价值的信息落地成业务，为企业创造价值。从汽车行业的发展趋势来看，围绕用户需求，优先需要实现产品的智能化。通过网络、人工智能等技术，实现车联网、自动驾驶的核心功能，满足用户对智能产品的需求。另外，产品智能化是业务服务化的前提，基于智能网联技术才能实现出行服务业务的转型。联网的车辆成为构建出行服务商业模式的基础，通过网络实现需求与供给的对接，利用位置服务提供双方物理空间的联系和车辆的管理，利用人工智能技术进行路径规划和订单优化，最终实现低成本，高效率地提供出行服务，满足用户对出行服务的需求。

（二）典型案例

1. 蔚来汽车：以客户需求为核心构建 IT 体系

蔚来汽车成立之初便确立了以用户为核心的发展理念，基于该理念设计构建公司的 IT 系统。在数字化布局上，坚持以用户需求为出发点，进行线上与线下多元化布局，将线上 APP 与线下用户体验中心相结合，并巧妙融入品牌理念和生活理念，与用户进行沟通和互动，打造蔚来社区。业务中台可以有效地支撑末端业务的多样化，数字化给蔚来解决用户痛点问题提供了一个有效的手段。对于用户的个性化需求，传统企业难以改变自身复杂、固化的流程，需要用户妥协，接受企业管理流程，而蔚来则通过灵活的 IT 架构使其服务适应用户的需求，且不需要

在成本、效率方面做出重大牺牲。打通线上、线下体验的核心在于数据的贯通，蔚来在 IT 系统中构建了数字化中台层，用于集中存储和处理数据。底层基于云结构，提供 PaaS 和 IaaS 层服务。蔚来汽车的 IT 架构与传统车企有较大不同，将用户相关的服务、影响、销售等内容作为 IT 系统的重要组成部分，可以通过多种方式直接触达用户，获得用户的需求信息，而不是像传统车企那样，只能通过 4S 店来与用户对接。在用户需求反馈、销售数据分析方面更加便捷、高效。表 7-1 中给出了蔚来数字化系统的五层架构。

表 7-1　蔚来数字化系统的五层架构

第一层	业务层	NIO App、NIO.com、蔚来微信小程序
第二层	业务中台	支撑上层业务层的不同业务变化需求
第三层	数字化中台	HR、PLM、Finance 等软件，汇集所有需要的业务数据
第四层	PaaS	提供底层 PaaS 平台
第五层	IaaS	提供底层 IT 基础设施

2. 华晨宝马铁西工厂：应用智能技术提升生产效率

华晨宝马铁西工厂是宝马集团在全球的第 25 家工厂，该厂从 2010 年 6 月开工建设，2011 年 10 月开始进行试生产，采取统一规划、分期建设的方式进行运作，一期工程设计年产能为 10 万台，中期年产能为 20 万台。该工厂拥有先进的六次冲压设备，可以达到较高的模型精度，大幅度提升零部件价值。工厂的生产环节部署了大量的传感器，用于采集生产流程的信息，数据在后台可以被及时处理并实时反馈。以总装线为例，在每辆车进入总装线之初，机盖上都会安装一个信息盒子，预装车辆所有信息，每个生产环节都对数据进行更新，并对已有数据进行比较。该设备记录了车辆组装的所有零部件信息和操作流程数据，便于后期进行追溯（可以追溯到每个环节的执行人）。会在几个关键节点对产品进行拍照，将照片与数据库进行对比、分析，可以找出生产过程中可能存在的问题，以便及时发现产品质量问题，并不断完善产品生产流程中的质量控制过程。

宝马工厂的背后有大量数字化基础设施提供支撑。每个工厂都有独立的数据中心，不同工厂的数据中心通过光纤直连。数据中心采用 Dell 的服务器、VMware 的虚拟化软件、FC-SAN 存储、SAP 管理系统、Ctrix 的 VID 以及 Lync 和 Exchange 通信系统。这套数字化系统保证能够及时采集、处理和反馈工厂所有的运行数据。

在生产工艺的创新方面，利用新型的电动工具，实现对螺丝连接的扭矩、角度、时间等数据进行采集，将以前检测的 7 个连接点增加到了 700 多个；可以用图形化方式展示全车的焊点和螺丝的强度数据，通过大数据分析找出出现问题的原因，给出解决方案。将生产过程中的数据提供给多个部门，有助于部门联合改进，从而提升一次通过率。通过数字系统和先进技术，宝马已经把新车焊接加工工序的一次通过率从以前的 80% 左右提高到了 90%。宝马工厂的 IT 基础较好，数字化程度比较高，为后续创新升级提供了便利。

在产品智能化的创新方面，宝马最早提出了车联网和互联驾驶的概念，目前全部车型都能联网。从安全角度出发，搭载 Emergency Call 功能，车辆发生碰撞后会自动与服务后台连接，将车辆位置信息和状态信息发送给后台，后台根据具体情况派出救援。

华晨宝马的铁西工厂的数字化改造较为彻底，通过利用数字化手段，提高了生产效率，降低了出错的概率，从而提升了产品质量。

3. 滴滴出行：出行服务创造更高价值

滴滴出行是我国最大的出行服务提供商，注册用户达 5.5 亿人，日峰值订单达 3000 万个，平台注册网约车司机为 11 666 万人。2018 年服务次数高达 100 亿次，日路径规划需求达到 400 亿次。对于出行平台的车辆而言，提供出行服务创造的价值已经远远超过车辆本身的售价。

专注出行服务，满足个性化服务需求。滴滴出行自身为轻资产运营，没有购置出租车辆，但是公司在 IT 方面投入巨大，建立了自己的数据中心，拥有技术人员、工程师 6000 多人。通过招募司机，利用手机 App 的方式，即可实现平台与传统车辆的互联，使传统车辆加入网约车平台中。出行服务平台模式的运营，需要基于移动互联网和智能手机，利用信息技术来了解城市的出行需求和运力。通过滴滴出行 App，可以实现出行服务需求与运力的匹配，将闲置的私家车资源利用起来，弥补不同时间段出行需求与运力的差值。

利用人工智能技术，提升出行效率。滴滴出行采用了人工智能技术来提升出行需求和运力的匹配度，并通过优化接驾路线、拼车路线和导航路径来降低空驶率。目前，滴滴出行对于特定区域、特定时间的出行需求预测准确率可以达到 85% 以上，便于平台提前调度运力资源。利用人工智能算法可以优化乘客上车位置，提升现实场景中车辆对乘客的接驾效率。通过多种在线数据的优化，滴滴出行将出租车在线计费时长占比提升了 23.6%，并大幅度缩短了接单时间。出租车司机在传统方式下的平均接单时间为 12.3 分钟，而利用滴滴出行平台的平均接单时间仅为 2.6 分钟。

六、我国汽车产业数字化转型的主要影响和阶段评估

（一）主要影响

1. 催生服务汽车产业的数字技术人才发展及培训体系

推行汽车产业数字化转型的关键在于汽车行业内部的数字化技术创新。人作为技术创新的主体，是数字化转型的基础和必要保障。从汽车研发、制造、服务产业链角度来看，推行数字化转型，首先要确保产业链各节点的人才输入。数字技术专业教育是人才输入的重要驱动，汽车产业数字化技术领域将催生一系列服务于汽车数字化研发、制造和服务新业态的机构和平台，数字化人才公共服务体系将进一步完善，一大批数字技术创新人才将涌入数字化汽车行业各个领域，进而提升汽车产业数字化转型程度。实现汽车产业数字化转型，人才教育保障是基础，因此要构建完备的汽车产业数字技术教育体系，为数字技术人才的培育搭建平台。

2. 促进汽车产业数字化转型的行业治理对策

作为产业数字化转型先驱，汽车产业数字化转型必将引领其他行业加快数字化转型步伐。汽车产业数字化转型作为我国实现"数字中国"、践行"中国制造2025"战略目标的重要组成部分，必须有完善的行业治理对策。汽车产业数字化转型不仅是汽车行业内部的技术提升，也是企业在商业模式和运营战略方面的调整，二者会导致市场竞争环境的改变。数字技术是企业竞争的核心，应制定相关的技术标准和规范，完善企业数字技术专利保障体系，从政策、制度、社会体系等方面完善汽车数字化转型的顶层设计，尤其是汽车产业内部的数据隐私、产权、安全、数据保护等方面的顶层设计。同时，要规范市场竞争环境，避免不当竞争行为影响市场经营环境，制约汽车产业数字化转型效率，促进共创、共享、共赢的汽车产业数字化转型局面的形成。

3. 促进低碳交通发展的碳中和目标实现

传统汽车产业中，资源消耗量大、环境污染、技术壁垒等因素制约着我国汽车产业高质量发展。发展新能源汽车是汽车数字化转型的一个重要内容，也是实现低碳交通的重要途径。汽车电动化是新能源汽车的一个主要方向，电动化发展不仅意味着汽车动力从燃油向电力转变，随着分布式发电的发展利用以及城市电网智能化水平的提高，电动车本身不仅是一种出行交通工具，也是城市基础设施的一部分。此外，传统汽车产业进行数字化转型后，可以实现汽车产业链各领域资源的集约利用，依托数字技术建立数字化连接渠道，实现研发、生产制造、服务的智能化，促进拉式生产模式的构建，大幅降低资源消耗，减少排放，使汽车产业向集约环保型转变。未来，汽车及交通产业的绿色发展路径，将是从能源生产、储存、消耗等全流程降低碳排放量，以接近净碳排放为零的"碳中和"目标。

4. 促进未来智能出行生态的形成

在数字化转型的带动下，汽车产业将向服务业方向发展。智慧出行服务将为人们提供多模式协同的移动出行解决方案，汽车制造商将逐步转变为出行服务商。新能源汽车作为服务载体将实现智慧能源的调度与管理，基于车辆、交通、城市大数据的智慧云服务为人们提供交通管理、行程规划等服务，最终将形成以汽车智能化为基础的未来智慧出行生态。智能化是未来出行生态的基础，涵盖了汽车、交通、能源、家居、出行、城市管理等生活方方面面，涉及智慧城市、智能交通、智能汽车的协同。⊖这些要素的协同发展要求通过应用以移动技术为代表的物联网、云计算等新一代信息技术，实现全面感知、泛在互联、普适计算与融合应用。从社会发展的角度，还要求通过应用一系列数字化、信息化工具和方法，实现以用户创新、开放创新、大众创新、协同创新为特征的知识社会环境下的可持续创新。

（二）阶段评估

本书分别从技术、经济、社会、新基建和新制度几个维度对汽车产业数字化转型展开评估，具体见表7-2。

⊖ 国务院发展研究中心产业经济研究部，《中国汽车产业发展报告（2019）》

表 7-2 中国汽车产业数字化发展成熟度评价指标体系

维度	指标	起步阶段	发展阶段	提速阶段	成熟阶段
技术	数字技术投入	能够实现基于PLC的设备互联，建立了ERP、SCM、CRM、MES等单个运营管理系统，局部单点环节实现单点自动化	使用了可靠性高、覆盖面广的企业网络，从车间到企业，各个网络互联实现纵向集成，建立了独立的运营管理系统之间的有效集成，且实现核心工艺环节全自动化	数字化投入实现企业横向集成，跨领域的数据采集及装备数据采集及智能化管理	进行数字化投入，实现物理层、数字层、平台层、应用层的数字化架构，运营管理系统与大数据结合，实现对生产全过程的深度优化，具备数据价值创造、知识发现的技术能力
技术	数字技术赋能	对单个设备、关键装备建立了三维模型，基于单点环节的数字优化流程，带来成本效益提升；初步建立了用于信息管理分析的工业互联网平台	能够在单个工厂中基于三维模型实现辅助装配与调试，实现面向生产现场环境、装备运行数据分析的工业互联网平台，通过数字化实现企业信息集成化；实现内部资源优化配置	能够基于企业级的三维模型进行仿真实验，实现面向生产现场、供应链等全方位数据集成；基于市场需求分析的工业互联网平台，形成产业链上下游资源优化配置，实现产业链的精确配置；形成基于数据平台化的产业生态	基于数据闭环，实现基于整个企业数字模型库的生产制造过程深度优化；基于工业互联网平台开发出各类个性化应用（App），实现对生产定制场景的精确优化、商业模式加速迭代
新业态	产品服务迭代	设立产品服务部门，基于数据库存储管理数据，并把客户反馈相关服务信息反馈给客户服务部门，主要业务均使用仿真软件作为研发与设计的辅助手段	形成规范的产品服务制度，建立了先进的产品数据管理（PDM）系统，主要业务均使用仿真软件进行设计分析，能够支持正向设计，并取代部分零部件试验	建立了面向产品全生命周期的管理（PLM）系统，建立了成熟的协同设计系统，能够实现全球各地的协同设计、全业务流程均使用仿真分析手段，支持正向设计，实现虚拟性能开发	基于PLM打通产品设计、制造、管理与服务各环节，建立协同设计系统和统一的产品模型库，大幅缩短新产品研发周期；汽车制造由机械制造向电子制造发展，实现汽车产业网联化

类别	子类	阶段一	阶段二	阶段三	阶段四
新经济	用户体验创新	企业具备基于数字化技术改进用户体验的愿景	能够通过个性化定制平台实现与用户的个性化需求对接	具备利用工业云和大数据深入挖掘用户体验及需求的能力，反馈到产品优化、制造部门进行优化整个生产过程，并深入开始注意维持用户忠诚度，PLM快速向研发平台演进	个性化服务平台能够驱动企业所有业务线进行升级，利用SMAC技术，能够创造沉浸式用户体验，提供高质量柔性化的生产服务，全面升级用户体验，实现人、路、车协同，实现无缝数字化体验
新经济	商业模式创新	—	采用传统销售模式，提供数字化售后服务	以数字化的产品（服务）和销售模式来提升企业价值，行业规则被数字化技术大幅改变，数字化业务收入占比较大	数据成为企业核心竞争力，用户需求即出现，用户需求驱动出现即为企业价值创造的驱动力，创造出新的业务模式，变现模式，经济效益
新组织管理	战略决策创新	企业开展数字化转型的战略规划	数字化战略进入实施阶段，并建立明确的数字化转型制度；建立数字化资金管理制度，投入资金、技术及人力，开始实施数字化转型	数字化核心，数字化战略成为企业发展的核心，数字化战略推动组织发生变革，技术及人到位优化	数字化战略成为组织创造了更高的经济效益，创新管理战略为组织带来了新的业务机会；企业基于数据形成智能决策能力
新组织管理	数字化供应链创新	具备一定的信息化基础来实现企业内部供应链业务关系；实现供应商管理，比价采购、合同管理	实现企业内部采购系统与生产、仓储管理系统的集成	企业实现过程联动与供应、销售等过程数字化链接，与重要的供应商实现数据部分数据共享，能够预测补货	研发使用赋能数字化供应链的创新技术、基于工业云、工业互联网等供应链打通企业全程协同管理；实现库存量的实时感知，通过对销售预测和对库存量进行分析决策，形成供应链合作企业实现数据共享，与供应链能够智能优化供应需关系

（续）

维度		指标	起步阶段	发展阶段	提速阶段	成熟阶段
经济	新组织	平台系统能力创新	—	能够围绕核心生产流程，部分实现生产、资源调度、供应链、研发	建立了虚拟仿真管理平台，对多业务进行协同管理，形成虚拟仿真、硬件在环仿真（HIL）与虚拟现实等技术的集成贯通。实现设计等不同系统间的互操作	既能够全面实现生产、资源调度、供应链、研发、设计等不同系统间的互操作；也能够基于云平台实现企业业务的同集成
		人才创新	企业有数字化人才需求；企业开始具有数字化创新型人才需求，临时成立数字化转型项目组	企业数字化人才供不应求，领域内数字化人才鸿沟凸显；CIO负责	数字化人才需求基本得到满足，员工掌握了数字化的必备基础知识，具备一定技能水平；企业设置CDO岗位	企业CDO具有实际运营管理权限，对企业数字化战略规划具有较大影响力；拥有首席智能官；对行业内、外人才均有较强的吸引力；员工全面掌握专业的数字化技能，形成快速代际能力；企业为员工提供持续的数字化技能培训
社会		数据治理	数据隐私治理有初步的制度雏形，但具体实施上还不能有效保护数据隐私	专家和法律部门完善数据隐私治理制度，启用IAM+DLP技术	企业保证数据安全性，行业间未形成数据标准化采集，客户具有单独的数据ID，利用算法及深度学习实现数据与个性化隐私服务的连接	形成行业数据中心，以专用通信通道保障数据安全，对行业数据出台合规范化管理标准，制定具有法律效力的数据隐私，数据安全保护条例，各行业数据采集、存储、交易，使用国家数据安全准则ISO27918、ISO29151、SOC2

	可持续发展	各行业内企业初步具备以企业可持续发展的理念	行业内部分企业形成以数字化转型为途径的可持续发展规划,并部分实现供应链、产品全生命周期的数字化信息采集、管理;实现能耗、排放等环境污染物排放数据的采集、管理	全面以数字化手段实现供应链、产品全生命周期的信息协同;对所有环境污染点进行在线监控—监控数据集成,设备数据集成,对污染超标情况及时预警	基于数据闭环和大数据分析,实时智能优化供应链协同,实现产品全生命周期管理;建立绿色生产和环境保护治理模型,实时优化环保方案并执行
"新基建"和数字经济创新管理制度	数字化基础设施	各行业、各领域形成数字化基础设施建设的理念与愿景;开始构建IT技术架构	以5G、云计算单点推进形式开发数字化基础设施建设和统筹基础设施数字化转型,开始建立数字基础设施对行业数字化发展的支撑	各行业、各领域数据形成自己的数字化产业互联网平台和数字化基础设施网络,实现行业数据的实时采集、存储、分析	全面建成智慧城市,打通各行业、各领域数据互通互融,实现万物感知、万物互联,优化社会运行效率
	数字经济创新管理制度	—	国家出台数字化转型相关发展设计,但制度落后于市场数字化转型发展需求	出台数字化转型发展规划,形成对汽车数字化发展的前瞻性指导	国家颁布数字经济发展战略和产业数字化转型布局;在财税、教育、贸易等领域支撑数字经济形成互融;分配体系适配数据权属关系/产权关系;以法律规范细制度数字经济立法;政府具备适应数字经济市场适应的快速适应能力

从技术方面看，我国汽车制造业数字化技术投入尚处于起步和发展阶段，且汽车整车制造的数字化水平明显高于汽车零部件制造的数字化发展水平。ERP、SCM、CRM、MES 等数字化软件得到广泛应用，初步建立了进行信息管理分析的工业互联网平台，少数企业建设了面向生产现场环境、装备运行数据分析的工业互联网平台，但尚未实现核心工艺环节全自动化，各个子系统之间缺乏有效集成。整体上，数字化技术和方法能实现物流子系统、供应链管理等局部流程优化和效率提升。

从经济方面看，我国汽车行业处于数字化转型的发展和提速阶段。目前，建立了先进的数据管理系统，主要业务均使用仿真软件进行设计分析，企业具备基于数字化技术改进用户体验的愿景，少数企业能够通过个性化定制平台实现与用户的个性化需求对接。企业以数字化的产品（服务）和销售模式来提升企业价值。企业实现采购与供应、销售等过程联合，与重要的供应商实现部分数据共享，能够预测补货。

从社会影响角度看，我国汽车行业处于数字化转型的起步和发展阶段。汽车行业内企业有数字化人才需求，少数企业成立了数字生产服务部门。行业内企业初步具备以数字化转型带动企业可持续发展的理念，数据隐私治理有初步的制度雏形，但在具体实施上还不能有效保护数据隐私。

从"新基建"和数字经济新管理制度方面看，我国汽车行业尚处于起步和发展阶段。汽车行业形成了数字化基础设施建设的理念与愿景，大多数企业着手构建 IT 技术架构。但道路智能化、交通智能化尚处于起步阶段。行业的数字化转型意识已经很强。汽车产业制定了"网络化、智能化、数字化"三部曲战略，并展开了研究，将为相关政府部门制定政策、汽车企业进行战略决策及汽车产业实施数字化转型提供参考依据与建议。

总体上看，汽车产业在营销、品牌、服务端的数字化做得普遍较好，但是研发和制造端的数字化相对较弱。与国外相比，我国汽车产业在数字化软件的深度使用和开发上与国外先进水平还有一定差距。在制造数字化领域，美德日先进汽车制造业企业在智能装备应用、网络互联建设、运营管理系统、基于模型的企业（MBE）、工业互联网平台水平方面均高于国内汽车制造企业，我国汽车企业加速数字化转型已迫在眉睫。我国汽车产业总体数字化转型处于 2 级提速的初级阶段，其中汽车数字化转型的领军企业（如宝马铁西工厂等）已开始进入数字化贡献收益阶段，而跟随型企业仍处于数字化转型投入阶段。

图 7-3 是我国汽车产业数字化转型程度的评估结果，数值 1～4 分别代表表 7-2 中的各个指标对应的起步阶段、发展阶段、提速阶段、成熟阶段。如数字化投入指标结果为 2，表示我国汽车数字化投入处于发展阶段。用户体验创新为 2.5，代表我国汽车领域在用户体验创新方面处于发展阶段与提速阶段之间。每个指标的各个阶段的具体含义与表 7-2 一致。

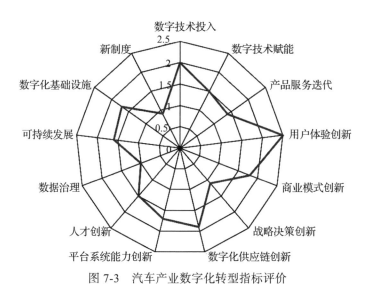

图 7-3　汽车产业数字化转型指标评价

七、我国汽车产业数字化转型的指导政策

（一）完善汽车产业数字化转型顶层设计

面对汽车产业数字化转型发展过程中出现的诸多新问题，一是需要从国家数字经济发展战略的顶层设计层面对汽车产业数字化转型发展做出规划，明确我国汽车产业数字化转型的发展路线图；二是加快与汽车产业数字化转型相关法律法规的"立改废"工作，尽早明确信息安全职责，解决数据归属、隐私保护等问题，把自动驾驶、无人驾驶等新技术、新产业发展纳入法制轨道；三是进一步深化和明确对自动驾驶、无人驾驶、车联网等基础概念的认识，并有针对性地提出发展路径，

不宜将智能网联笼统化；四是积极探索协同创新的新模式、新机制，组建跨行业的协作组织，加快汽车产业数字化转型创新联盟建设，推进汽车产业数字化创新平台的建设。

（二）推进汽车产业数字化转型基础设施的建设

以交通运输部发布的《数字交通发展规划纲要》为指导，构建具有可持续发展能力的汽车行业数字化转型基础设施是实现汽车行业数字化转型的基本前提。一是推进国家道路信息数字化管理，推进城市道路数字化、智能化建设，形成基于云计算的可进行实时数据采集、传输、分析、管理的国家道路信息数字化管理体系；二是利用5G、传感器、边缘计算、智能模组等技术推进道路与智能汽车联网，为车路协同的数字化转型奠定基础，三是鼓励汽车产业内企业积极参与数字化基础设施建设。通过政企合作，一方面通过加装传感器、数控装备、通信接口等夯实数字化转型基础，实现传统基础设施数字化；另一方面，积极搭建新型数字化基础设施，建立汽车产业数据中心，实现产业数据开放共享，提高数字化转型知识的传播效率。

（三）统筹汽车产业数字化转型行业标准的建设

标准化体系建设对形成产业化、国际化等推动现代经济发展的动力机制发挥着至关重要的作用。在《国家车联网产业标准体系建设指南（总体要求）》等国家现有汽车产业数字化转型标准基础之上，一是要统筹考虑标准制定问题，在标准体系建设、推广及走向国际化与促进国内汽车产业自主探索之间找到平衡；二是广泛听取相关机构、企业、专家学者的意见建议，积极推进汽车产业智能制造综合标准化建设指南的制定，以构建智能制造标准体系为重点任务，梳理已有标准，并按照"共性先立、急用先行"的原则集中力量制定并实施。鼓励、支持具备基础的国内汽车企业积极参与汽车产业数字化改造过程，并为行业提供更多发展样本。

（四）调整汽车产业数字化转型人才的培育机制

汽车产业在人力资源方面面临的挑战也很大。一是应该慎重对待"机器替代人"等类似提法，避免引发企业管理者和员工之间的紧张关系，影响双方对企业开展数字化改造实现转型升级的共同认识，并带来一系列负面影响；二是借鉴德国等先进国家实施"学徒制"的经验，鼓励、支持相关企业探索适应我国国情的学徒制体系；三是优化职业教育管理体制，完善职业认证等级制度，提升技能型、专门型职业人才在人才体系中的地位；四是根据汽车产业的技术特点，通过认证技术咨询师和鼓励退休工程师担任工艺指导志愿者等多种方式，在现有的技术改造项目扶持中，加入现场管理和技能提升等资讯性服务内容，提高"软硬结合"程度；五是加强汽车产业数字化转型管理型人才培育，使之具备数字化转型的长远战略思维，保障汽车企业的数字化转型。

（五）鼓励构建汽车产业数字化转型创新体系

鼓励跨行业、跨领域的战略合作伙伴激发汽车企业进行数字化创新。一是积极促进政、产、学、研、用多方合作，在吸收国外先进理念和做法的基础上，强化对汽车产业数字化转型的本土问题意识，引导国内汽车企业明确数字化改造的路径、重点等关键性问题；二是鼓励汽车产业与互联网产业、能源产业、金融产业的跨界协同合作，提高多方创新主体活力，构建开放的创新网络，服务汽车产业产品创新、商业模式创新、应用场景创新，以云计算、大数据、物联网等新一代信息技术提高汽车产业创新成果利用转化效率，实现汽车产业向数字化、网络化、智能化、绿色化方向发展。

第八章 Chapter8
物流行业数字化转型的模式和路径

一、物流行业数字化转型的内涵界定和主要特征

(一) 内涵界定

1. 物流行业数字化转型的内涵

物流行业数字化转型指利用物联网、云计算、大数据、人工智能、区块链、5G、VR/AR 等新一代信息技术，通过在仓储、分拣、运输、配送等物流各核心环节应用智能硬件和智能系统软件，提高物流感知学习、网络规划、分析决策和智能管控能力，并通过平台化的整合，提高物流资源配置效率和能力，并在此基础上形成新的商业模式、运营模式、管理模式，更好地赋能生产制造、零售、能源电力、工业品等传统产业领域，不断向智能供应链升级。⊖图 8-1 中给出了数字物流产业链的全景图。

2. 物流行业数字化转型的战略理念

物流行业数字化转型是一项覆盖技术赋能、经济模式变革、社会约束、基础设施支撑的系统工程，即产业数字化转型水平及能力需要从技术、经济、社会、新型基础设施各个维度综合评价。

⊖ 中国联通、京东，《从连接到智能——5G 助力物流数字化转型升级白皮书》，2019 年 7 月

第八章 物流行业数字化转型的模式和路径 115

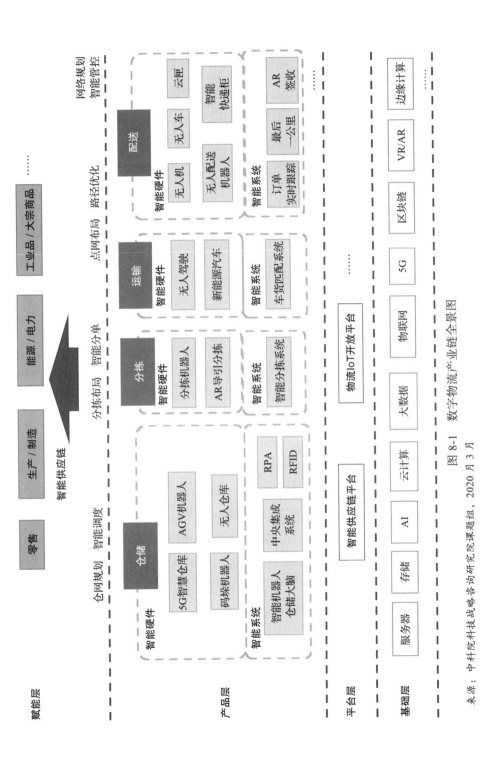

图 8-1 数字物流产业链全景图

来源：中科院科技战略咨询研究院课题组，2020 月 3 月

首先，技术是物流数字化的基础。在数字世界的虚拟物流系统中，互联网、物联网技术、云计算、大数据、区块链、人工智能等数字技术是核心。一是互联互通，数据驱动。所有物流要素互联互通并且数字化，以"数据"驱动一切洞察、决策、行动。二是深度协同，高效执行。跨集团、跨企业、跨组织之间深度协同，基于全局优化的智能算法，调度整个物流系统中各参与方高效分工协作。三是未来物流仓储、分拣、运输和配送四大环节的数字化、自动化、智能化和机器人化将是长期趋势。

其次，物流数字化未来的潜力在于各要素全部数字化和连通后的商业模式的不断创新。除了新技术在物流行业中的数字化应用，对物流业务经营中产生的数据进行挖掘和商业化，是物流企业数字化创新的主战场，包括生产经营自动化，基于社交网络的业务、共享经济、电子商务、金融科技、互联网/车联网、人工智能等的经济模式的革新。

再次，物流数字化对人才、环境资源、可持续发展等提出了更多挑战。在数字经济蓬勃发展的今天，数字化物流作为网络电商、跨区域合作和全球分工的重要载体，对生产、生活产生了重大影响。高度信息化和自动化的物流新型设备对从业人员的综合能力要求提高，带来人才领域的变革；自动化和智能化大大提升了物流行业的运转效率，节约能源和减少排污对于社会可持续发展产生正面影响；物流行业数字化转型加快了产业链上下游的信息流动，弥合了传统供应链信息不对称的鸿沟，提升了全行业的运行效率。

最后，物流数字化对新型基础设施提出了新要求。物流数字化转型催生了虚实一体、互联互通、智慧升级的物流基础设施服务体系。除了传统的铁路、公路、水运、航空、管道、仓储等物质工程设施和实体物流系统，还包括由数字虚体组成的物流基础设施，即以物流信息、资金流信息、商流信息三流合一的数字化为特征，以模型化、代码化、工具化、智慧化的软件处理为手段的虚拟信息流系统，以及连接物流基础设施软硬件系统的共享服务平台。

（二）主要特征

1. 物流行业数字化转型已被纳入国家战略

2016年，发改委发布《"互联网+"高效物流实施意见》（发改经贸〔2016〕1647号），提出推动大数据、云计算、物联网等先进信息技术与物流活动深度融合，推进"互联网+"高效物流与大众创业万众创新紧密结合，创新物流资源配置方式，大力发展商业新模式、经营新业态，提升物流信息化、标准化、组织化、智能化水平，实现物流业转型升级。构建物流信息互联共享体系，提升仓储配送智能化水平，从而发展高效、便捷的物流新模式。

2017年，国务院发布《关于进一步推进物流降本增效促进实体经济发展的意见》（国办发〔2017〕73号），指出要加快推进物流仓储信息化、标准化、智能化，提高运行效率。依托互联网、大数据、云计算等先进信息技术，大力发展"互联网+"车货匹配、"互联网+"运力优化、"互联网+"运输协同、"互联网+"仓储交易等新业态、新模式，推广应用高效便捷物流新模式；开展仓储智能化试点示范；加强物流数据开放共享；推动物流活动信息化、数据化，依托部门、行业大数据应用平台，推动跨地区、跨行业物流信息互联共享。

2019年，发改委发布《关于推动物流高质量发展促进形成强大国内市场的意见》（发改经贸〔2019〕352号），提出大力发展数字物流，加强数字物流基础设施建设，推进货、车（船、飞机）、场等物流要素数字化。加强信息化管理系统和云计算、人工智能等信息技术应用，提高物流软件智慧化水平。支持物流园区和大型仓储设施等应用物联网技术，鼓励货运车辆加装智能设备，加快数字化终端设备的普及应用。发展机械化、智能化立体仓库，加快普及"信息系统+货架、托盘、叉车"的仓库基本技术配置，推动平层仓储设施向立体化网格结构升级。

2.物流和供应链管理高度结合是必然趋势

物流业正在进入全面的数字化时代。[⊖]实现货物流转效率的最大化目标决定了物流必然和供应链管理高度结合在一起，这是未来的发展趋势。只有实现整个产业链不同企业间的全面联动，数据打通，才能让端到端的整体流转效率变得更高。

物流是供应链活动的一部分，是为了满足客户需要而对商品、服务以及相关信息从产地到消费地的高效、低成本流动和存储进行的规划、实施与控制的过程。物流与供应链管理的区别在于，物流强调的是单一企业内部的各物流环节的整合；而供应链并不仅仅是一个企业物流的整合，它所追求的是商品流通过程中所有产业链上企业的物流整合。具体来说，商品到达消费者手中之前，要经过零售商、

⊖ 阿里巴巴集团CEO、菜鸟网络董事长张勇，2019全球智慧物流峰会资料，2019年5月

批发商、制造商、原材料零件的供应商等环节，而物流则处于流动的整个环节中。为了能够低成本、快速地提供商品，仅考虑单一企业内部的物流整合远远不够，必须对链条内的所有企业的物流进行统一管理、整合才能实现上述目标，这就是供应链管理的基本概念。

从分类上，物流包括商品的运输、配送、仓储、包装、搬运装卸、流通加工，以及相关的物流信息等环节。可以看到，物流是以存货资产作为管理对象，而供应链管理是对存货流动中的业务过程进行管理，是对关系的管理，有互动过程。课题组认为，可以将供应链管理看作物流管理的高级形态，这也是物流行业数字化转型的重要方向之一。

智慧物流向智慧供应链的延伸是物流行业数字化转型的必然结果。物流是供应链的一部分，物流业与制造业应形成联动发展、融合发展，因此供应链管理是物流发展的必然趋势。通过"智慧物流"向"智慧供应链"的延伸，可以实现各种要素的一体化运作，使世界经济、市场、行业、企业、个人紧密结合在一起，最终实现管理与生活智能化。随着智慧物流创新技术的不断发展，将会有大量的智慧供应链平台诞生，智慧物流的发展也将进入新的、更加高级的阶段。物流数字化转型必将催生供应链管理的新兴技术、商业模式、组织关系等，向智慧供应链智能化、连通化、平台化变革。

3. 物流的数字化转型价值和潜力巨大

公开资料显示，2016年到2025年，十大产业的数字化转型将产生的直接与间接价值达到28万亿美元[⊖]，如果扩展到全部产业及外部经济效果，则十年累计将超过100万亿美元。同时产生的节能减排、新增就业方面的社会价值也不可估量。物流在十大产业数字化转型价值里排在第二位，因此物流业的数字化转型尤为重要。目前物流数字化的实践包括云技术、大数据、无人机配送、机器人等，将对所有产业价值的提升产生重大推动作用。

IaaS、PaaS、SaaS等云技术在物流上的应用催生了物流云、交通云、商贸云的结合，可以推进仓储管理和线上总包等多种应用。除了云技术之外，大数据服务的作用也不可小视，物流大数据的管理能够极大地提升流转效率，带动经济、社会效益叠加。无人机配送目前已经开始实践，但受电池、续航能力等因素的影

⊖ 中国工程院院士、中国互联网协会理事长邬贺铨，公开演讲资料，2018年7月

响，载货量较少。相较传统配送方式，机器人的应用将效率提升了 10 倍。未来随着物流数字化转型程度的加深和模式成熟，将使人力成本不断降低，大幅提升效率。

二、物流行业数字化转型的先进经验借鉴

(一) 借鉴先进经验

1. 美国

美国是当今世界物流发展最成熟的市场，虽然近年来我国物流业发展迅速，市场规模远超美国，但物流质量、行业代表企业数量却不如美国。

美国物流企业综合性的服务能力显著，零担、整车、快递、仓储等多重业务相结合，便于业务的统筹和优化，图 8-2 为按收入进行比较的中美公路货运市场结构。由图可见，中国物流业成本较高且业务分散的零担业务比重较高，而规模化的整车业务和新零售下快速增长的快递业务比重均低于美国。

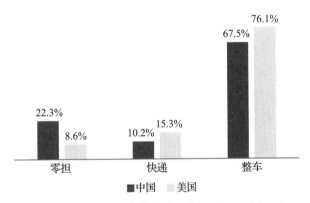

图 8-2 2018 年中美公路货运市场结构（按收入）

来源：交通运输部、US Department of Transportation，2019

美国物流企业效率明显高于中国企业。如表 8-1 所示，对两国物流行业的代表企业进行分析，美国的 UPS 和联邦快递（FedEx）人均营业额为中国物流企业巨头顺丰和德邦的 4～5 倍，这说明中国物流行业的业务流转效率远远低于美国企业。

表 8-1 2018 年中美物流巨头对比图

物流企业	UPS	FedEx	顺丰	德邦
营业额（亿元）	4 148	3 944	909	230
员工总数（人）	434 000	412 000	420 000	115 000
人均营业额（万元/人）	95.6	95.7	21.6	20.0

来源：企业发布的 2018 年财报及公司人力信息

（1）融合信息技术，建立智慧物流体系

美国的物流企业将人工智能、大数据、边缘计算等信息技术与自身业务融合，建立了较为完善的智慧物流体系。主要做法可归纳为以下三方面。第一，利用人工智能技术对企业仓库选址进行优化，根据现实环境的种种约束条件，如顾客、供应商和生产商的地理位置、运输经济性、劳动力可获得性、建筑成本、税收制度等，进行充分的优化与学习，从而给出接近最优解决方案的选址模式。例如，针对"一带一路"欧洲市场进行出口的中国制造企业，利用人工智能技术提升了中国至欧洲的优先整箱和拼箱多式联运铁路货运服务，新增了中国苏州、重庆、武汉、长沙四站和德国、波兰两个国际站点，大大提升了运输效率；第二，物流企业应用大数据方法对云端和用户端的大量历史数据进行分析，从中学习、总结相应的知识，建立相关模型对以往的数据进行解释并预测未来的数据，从而降低用户等待时间，同时使得物流相关功能分离开来，令物流运作更有效。例如，建立了库存管理大数据分析机制后，通过分析历史消费数据，可以动态调整库存水平，保持存货的有序流通；第三，将边缘计算应用于单元级智慧物流终端设备，将智能分拣机器人、快递无人飞机、智能穿梭车、AGV 搬运车、无人装卸设备、无人驾驶卡车、物流配送机器人、智能堆垛机等接入智慧物流服务平台，边缘计算就成为智慧物流终端设备的关键。例如，建立位于物流互联网边缘的智慧物流网络，使各类终端相互连接，并进行物料搬运、输送分拣、装车卸车、末端配送等作业。

（2）放松管制和改革监管，推动制度创新，释放创新活力

放松管制，释放创新活力。美国对物流行业实行轻管制政策，斯塔格斯铁路法、公路运输法案、2000 年颁布的《电子签名法》和 2010 年颁布的《统一商法典》第 2 条 B 项（UCC Article 2B）等均对美国各州的交通运输业的规制内容和监管方式进行了重大调整和改革。一方面，取消了对铁路运输准入、运费定价、州际公

路卡车运输等方面的限制；另一方面，解散了负责交通运输监管的州际贸易委员会（ICC），并在美国交通部（DOT）下设立地面运输委员会（STB），负责对交通运输安全和运营管理方面进行规制和监管。上述改革措施有效促进了各种运输方式、物流服务之间的相互竞争和合作，为美国物流产业创新发展提供了重要的制度保障。

推动制度创新，开辟更大空间。美国一方面在新的国家运输政策（NTP）中引入新的制度安排，如建立了"运输中介"制度，确立了多式联运、第三方物流服务、供应链管理企业与传统运输企业具有同等的法律地位，为罗宾逊公司等大型物流企业提供了全新发展机遇；另一方面，为物流创新设立专项制度安排，如出台多式联运地面运输效率法案（ISTEA），成立联邦多式联运办公室，推进了联运标准化促进行动、破除联运法律障碍、建立联运统计和信息交换制度等一系列制度建设，有力地推动了经济、高效且环保的多式联运体系发展，为加快物流创新和提高效率奠定了制度基础。

2. 日本

（1）物流信息化政策制定和推进制度的执行

2017年7月，日本国土交通省和经济产业省共同发布了《综合物流施政推进计划（2017年度～2020年度）》，该文件被认为是日本政府层面制定物流信息化政策的开始。日本政府制定的路线图中，计划在2020～2030年实现人员和货物运输配送的完全无人化，推进铁路和卡车等交通工具的无人化，连接小型无人机和物流设施，建立"在最恰当时机配送"的机制。

在物流信息化推进制度的执行方面，统一规划城市中的仓储设施建设，修建物流地块，严格执行相关法律、法规，颁布关于倡导企业革新物流的制度，更新物流设备的优惠政策等。与此同时，日本工商企业也在积极探索提高物流效率的可行性办法和途径，不但调整了物流组织，而且提出了在运输、保管、装卸、发送等物流环节采用各种技术，以提高作业效率，并达成了协调一致的物流系统化策略和规划，这一方面扩大了单元发货量，提高了供货效率，另一方面，物流信息化奖励制度和优惠价格制度得以贯彻执行。

（2）构建高度自动化和智能化的智慧物流体系

日本高龄少子化的社会现状带来了物流业缺工危机，以自动化与智能化为核心特征的智慧物流是最佳解决方案。为降低物流仓储业的从业技术门槛，日本物流行业重视自动化和智能化技术的研发和应用,将物流人工智能技术配合货运机器人测试,据此提升物流操作中人工环节的效率,并建立日本国内智慧物流体系,促进智慧物流普及。日本物流大厂日立物流(Hitachi Transport System)于2019年9月与人工智能企业GROUND合作建立人工智能物流系统事业部,目前已在日本埼玉县春日部市开设新形态仓库和共享电商平台物流中心。

日本在智慧物流管理方面的研发主要分为两种:一是仓储物流管理用机器人,行驶时通过摄像头和雷达来识别周围环境,可装载近百公斤级别的物品;二是仓库机器人货运系统与机器人控制系统,用于进行自动仓储运输操作。根据日本新能源产业技术综合开发机构公开数据,智慧物流能让仓库运作成本降低10%,而仓库内的无人机器人则可降低仓库30%的人力成本。

3. 欧洲

(1)欧洲的多样化物流功能平台成为新型物流产业组织

在物流领域分工更加专业化和信息技术应用日益普及的背景下,众多中小物流企业采取共享资源、互助联盟等方式寻求创新发展,形成了包括物流园区、信息平台、知识创新中心等具有较强资源共享功能的一批新型平台组织。例如,欧洲的"冷库能源顾问"(Cold Store Energy Adviser)是一个专业化的信息平台和冷链创新中心,是由欧洲冷库企业、知名大学及专业研究机构共同发起成立的,主要针对降低能耗和促进高效节能技术的应用,为冷库企业提供信息技术咨询、推广培训、节能方案设计、管理工具研发等服务。

(2)供需平台化能力打造供应链亮点

欧洲物流企业在供应链的敏捷反应以及对客户需求的精准预测上打造供需平台化能力。利用先进机器人分拣和增强现实视觉分拣可以加快厂商柔性化转型、调配库存,并实现智慧配送,从而创造加强供应链各环节参与者协作的高附加值物流。其中,在供应链的分拣环节中开展了机器人分拣试点,应用机器人辅助仓库员工完成履单过程的包裹分拣工作是欧洲打造自身物流供需平台化能力的亮点。利用增强现实技术实验视觉分拣,通过为分拣人员配备先进的增强现实眼镜,系统会显示出哪一件物品需要放在分拣车上,从而减少错误率,提高分拣效率,大大加强供应链上下游企业之间的协作,实现生产、配送和销售整体效率的提升和物流附加价值的提高。德国邮政旗下的合同物流供应商DHL供应链(DHL Supply

Chain）已在美国田纳西州的生命科学仓库开展了机器人分拣项目试点。

（3）在人才、知识、创新平台等要素上给予支持

为支持物流创新和加大知识、人才、技术、资金等创新要素投入，欧洲各国还探索和引入了一些新机制和新政策。例如，2000 年以来，欧盟实施了促进多式联运发展的马可波罗计划（Marco Polo/Marco Polo II）、冷链发展计划（Chill-on）、冷链物流节能计划（ICE-E）等一系列物流创新发展计划，并设立专项创新资金，用于支持形成政、产、学、研合作创新平台。欧盟利用这些创新平台，促进了相关物流领域的信息共享、合作研发、标准制定、人才培训和技术推广等，成为有效引导、支持、推广欧盟物流创新的新机制。

（二）重要启示

1. 现代信息技术成为物流技术创新的主导力量

信息技术的广泛应用和全程信息化水平的提高，带动了基于信息技术的物流管理工具、作业方式、设施装备等方面的一系列创新和研发，为物流企业提供了如全球定位系统（GPS）等大量自动化、智能化的新型物流设施和装备，加速了企业信息管理系统、ERP 等新型管理模式和管理工具的研发和应用，信息化逐步成为发达国家物流领域技术创新的主要途径。

2. 加强国内企业需求预测、供给和需求协同、管理库存能力培养

中国的物流业与美国之间的差距在不断缩小，在电子商务物流、大数据和智能应用领域体现得尤为明显。[1]但关键问题是，中国对底层技术的开发和把握与美国相比仍有较大差距。从供应链基本流程考虑，在计划、采购、制造、交付、回收和执行这六个主要环节中，计划环节是中国企业供应链管理的短板。其中，需求预测能力、供给和需求的协同能力、库存管理能力偏弱。

一是需求预测能力。在物流与供应链越来越重视前端的趋势下，跨国企业广泛采用网络规划设计软件、大数据分析预测、全过程库存优化管理等技术，在供应链全过程实现模拟仿真设计，提高预测准确性，实现了全过程最优规划。二是供给和需求的协同能力。跨国企业主要将订单拉动作为整条供应链的动力，通过将订单均匀分配到所有环节，实现约束理论下的效率最大化。三是管理库存能力。

---

[1] 亿欧，《中美物流现状以及供应链对比分析》，2018 年 9 月。

库存的集中管理、提高库存流转效率、将库存管理系统（WMS）同生产与运营计划（S&OP）、订单管理系统、产品交付系统有效连接，特别是在电子商务交付的情况下，将库存管理与线上订单和快递交付系统有效连接，成为缩短现金周期的关键。

3. 制度创新是实现物流创新的必要基础

纵观美国、日本、欧洲的物流大国，以及物流业快速发展的印度，可以看到，改革物流标准、强化制度支撑，以及对物流标准一以贯之的监督和实施是实现物流创新的必要基础。强化物流标准的约束性，将物流领域的基础性、通用性和安全性标准上升为国家强制标准，对于操作性、规程性和事实性标准，以行业和群体标准形式进行推广和实施。同时，创新标准形成机制，由各政府部门制定国家标准，由专门的国家标准化管理委员会负责审定和监督，确保国家标准的统一和协调，形成以行业协会为主导、物流企业为主体、相关研究机构共同参与的标准研究和制定机制。强化标准监督和实施，除国家标准应按照相关法律、法规依法实施和监督外，应重点发挥行业协会在标准实施过程中的监督作用和大型物流企业的龙头带动作用，从而在制度支撑的基础上建立智慧物流体系新格局。

三、我国物流行业数字化转型的发展现状、需求和存在的问题

（一）发展现状

1. 中国物流成本远高于世界平均水平

根据《2018 年全国物流运行情况通报》数据显示，2018 年中国社会物流总额达 283 万亿元，但社会物流总费用占 GDP 的 14.8%，远高于全世界平均 11% 的水平。而发达国家一般只占 GDP 9%，印度、巴西的这一数据为 12%。国际上通常用物流费用在 GDP 中的占比来衡量一个国家的物流发展水平，可见中国的物流成本仍然比较高，发展水平相对落后。按照中国物流采购联合会的预测[一]，物流总费用在 GDP 中的占比每下降 1%，将对应节约千亿元成本。

[一] 中国物流与采购联合会，《2017 物流行业报告》，2018 年 3 月

2. 物流行业基础设施较落后，物流效率低下

目前，中国物流行业由于基础设施不完善，导致物流效率低下。具体表现在：交通枢纽不健全，条状分割的交通方式衔接不足，导致物流转运环节资源浪费；自动化的仓储水平不高，缺乏真正意义上的自动化物流实践；网络化、集约化程度较低，物流资源共享缺乏科学的物流管控，在仓储、末端揽配等物流作业环节效率低下；商业模式单一，线上/线下分立，传统经销体系和线上分立的物流体系导致计划难度增加，成本大幅上升；仓储管理复杂，为配合电商发展，在物流基础设施不够完善的情况下增设电商仓、前置仓等新模式，导致库存管理复杂性显著提升。

3. 物流行业的数字化程度较低

与国际上物流业先进国家相比，我国物流业在信息化、数字化、智能化的长期发展战略上尚未形成体系⊖，整体数字化水平较低，前沿技术（如人工智能、大数据、云计算、区块链、VR/AR）的技术优势和融合应用创新能力没有得到充分发挥，使得传统物流的弊端依然存在。这体现在以下方面：过程不透明，运作效率低，成本居高不下；物流配送满意度低，速度慢、发错货、货物丢失、难以查询的情况多发，严重影响客户体验；商业决策缺乏数据支撑，无法满足快速决策支持和及时掌握运营情况的需求，无法进行运输路径优化、仓储优化、运营分析；安全性难以保证，业务数据安全可靠性要求无法满足，自建灾备系统的成本难以控制，物流信息系统无法弹性扩容等。

4. 物流行业的政策法规不完善

我国物流行业存在着市场准入制度、标准、法规等与现阶段物流发展不匹配的情况。1）物流法律法规滞后：我国目前执行的某些物流方面的法规还是从过去计划经济体制环境下延续过来的，不仅难以适应当前物流行业数字化转型阶段的发展，更难以支撑未来智慧物流的升级，法律体系从技术上普遍缺乏对实践的具体指导和调整作用，宏观调控能力和微观约束能力不足。2）物流标准化制度与物流统计制度不完善：我国对于物流数字化标准制度等没有法律规定，也没有形成统一的标准制度体系，相关的标准化工作分散在不同的部门之中，导致了协调配套

⊖ 国务院发展研究中心产业经济研究部研究室主任魏际刚，《中国物流业发展的现状、问题与趋势》，2019年1月

性差、商品信息标准不统一的问题。3）物流市场准入制度缺失：大量不具备法定条件的商事主体没有获得准入许可就直接进入物流市场，导致服务质量良莠不齐，行业声誉受到影响，同时因市场准入制度欠缺，我国物流业存在准入设定者、执法者与被规制者"三位一体"的情况，导致法律的权利制衡流于形式。

（二）需求

1. 新的消费者需求对物流提出新要求

消费者的差异化交付需求体现在海量包裹给全网运行带来巨大挑战，行业急需通过服务需求的数字化来满足消费新需求。以消费者为中心重塑物流新格局主要表现为以客户为中心的物流模式，即产地直采＋生鲜直达＋产品溯源的商品、便捷退换货和售后服务的更好体验、供应链成本优化后的更高的性价比以及"抢占最后一公里"的物流配送末端入户。这些要求都需要通过数字化解决方案来解决，物流行业的数字化转型势在必行。

2. 新的商业模式对物流提出新要求

当前，全球商业模式发生深刻变化，以新零售为代表的新模式对物流提出新的要求，包括无界零售模式要求无缝连接供应商与消费者，传统意义上的供需双方的界限趋于模糊，需要更高效的物流投放；众包、众筹、分享成为新的社会分工协作方式，区别于工厂生产，供应链上游参与者分层细化，需要更敏捷的物流反应；2B（企业端）业务成为新的增长点，呈现出与2C（消费端）不同的业务模式，需要更精确的物流流转。全网智能规划、库存布局优化、精确订单匹配等数字化物流需求强烈，智慧物流大有可为。

3. 新的运营模式对物流提出新要求

物流行业的竞争在促进行业快速发展的同时也带来了巨大的成本压力以及末端人力增长瓶颈，需要新的运营模式。物流行业的客户群体涵盖各行各业，客户关系错综复杂。而混乱的客户管理流程，较低的服务效率，人工执行导致的跟进难、丢单率高，大大降低了企业的生产效率以及客户体验。只有通过物流的数字化转型才能实现物流行业运营模式、服务、技术等多个维度的创新，通过运用互联网、信息技术和大数据应用来提升物流基础网络的运营质量和效率，才能使不同业务场景更加智能化，即便在复杂业务场景中也能通过大量数据存储和运维的动态匹配降低运营成本，提升人力效率和经营效益。

4. 前沿科技下沉应用及产业化的新要求

新兴技术，特别是新一代信息技术需要在典型应用中加以验证，而应用将反作用于前沿技术，加速其产业化进程。物流行业涵盖面广，对经济发展影响巨大，且存在的弊病较多，因此运输管理系统（TMS）、物联网与人工智能技术的组合、5G、区块链、自动驾驶、无人机等前沿科技的应用和产业化对物流行业转型也有相当明显的促进作用。反过来，物流行业海量数据带来的复杂匹配、高敏捷反应、全周期检测和供应链上下游的整合和统筹也对上述技术的发展提出新要求，加快其产业化的同时也促进其向纵深方向发展。

5. 兼顾安全性和灵活性的新要求

随着整个物流行业高效化发展，各环节之间的衔接成为必然，而通过物联网收集客户、员工和合作伙伴的私人数据，有带来安全漏洞的风险。黑客等持续存在的安全问题促使物流行业采用自动化多步识别和隐私数据采集保密系统等数字化手段，实现相关信息的存档和端到端加密。高效化的另一个需要考虑的因素是敏捷性，即根据供应链需求灵活提供不同产品和服务，这也需要用数字化手段消除不增加价值的环节，缩短流转周期，从而进一步降低供应链的物流系统的成本，实现敏捷性和精细性运作。

（三）存在的问题

1. 国家缺乏对物流行业数字化发展的立体设计，良好的政策环境尚未形成

目前，我国尚未出台物流领域国家层面的法律法规，当前涉及和使用的条例、通知、办法、指导意见等往往沿用自计划经济时代，散见于各种法律规范，如《中华人民共和国公路法》《汽车货物运输规则》《集装箱运输规则》等之中，且多是由国家有关部门或者地方制定的，无法对物流实践工作发挥与时俱进的调整和指导作用。对物流信息化、数字化、智能化的长期发展战略在设计仍待改进，需要进一步联系当前大数据、云计算、人工智能、AR/VR、区块链等技术优势和发展指向，以物流数字化的概念为指导。在数字经济领域，政府制定的相关的规划，如《"十三五"规划纲要》《国家信息化发展战略纲要》等多侧重于宏观经济和产业层面，对物流行业总体性的长远战略规划以及物流业与其他产业的深度融合缺乏细

化的描述，这与快速发展的物流业极不匹配。同时，国家层面上存在物流市场环境开放度不够、基础设施不充足、不平衡的矛盾突出及政策法规不成系统等问题，给物流业实现"数字化""数智化"的发展愿景带来极大挑战。

2. 传统企业数字技术应用能力较低，物流行业信息系统整合不够

我国传统中小物流企业在数字化信息技术方面存在严重不足，能应用货物追踪、全球定位、电子数据交换等现代物流服务信息技术的企业不多。同时，企业掌握的大量数据资源难以有效地利用并加以创新，特别是在产业链上下游业务流程的全程协同管理、数据交互应用方面表现较弱，利用数据做企业经营管理分析决策的能力不高，数据增值的能力十分有限。由于我国大部分物流企业规模较小，功能、服务单一，企业之间的信息化连接不足，加之我国还没有一套明确的物流标准化和共享体系，缺乏具体的实施指导方案，相应的物流设备配套设施也不统一，物流企业公共物流信息化平台建设不完备，造成物流企业各自拥有的数字资源分散化和闲置化问题突出，物流信息的共享深度停留在浅层，不能保证共享资源的利用率和有效性。

3. 区域间物流发展不平衡，物资流转绩效低，绿色环保压力大

物流数字化发展水平受区域发展水平的制约。当前，我国大部分物流企业将大城市作为企业发展的重心，中西部地区、农村地区的设施建设存在短板，路网、仓储、揽配人力等要素分配不平衡，服务措施不到位，建设水平较低，信息化、数字化的进展较慢，使广大农村及边远城镇地区难以享受与大城市同等质量的服务，国家物流行业整体实现数字化升级的压力集中，堵点突出。物流网络化、集约化程度低，为数众多的中小企业货物调配流转效率较差，例如运输车辆等待时间过长、空载等问题造成物流成本居高不下。物流运输的绿色低碳水平较低，物流清洁作业技术程度低，滥用包装材料，难以做到多次循环使用，配送车油耗过高，排放不达标等问题较为普遍。经相关研究统计，我国运输工具的能源利用率与国外相比，存在明显差距。⊖

4. 物流行业标准化建设落后，在国际链路上的竞争力较低

我国物流行业在相关标准制定工作上的起步较晚，空白较多，基础较弱，编

⊖ 陈伟，《中外智慧物流发展的差异比较及经验借鉴》，2016年12月

码、数据接口、电子数据交换、全球定位系统等方面的标准不一，规则不全。由于缺乏完善的标准体系，即使已经有部分企业建立了数字化的物流系统，但仍存在信息孤岛现象，不同企业间难以实现数据交换和信息共享，产业链上的企业沟通时易出现障碍。相对地，发达国家和地区早已占领先机，在条形码和信息交换接口等操作标准层面共同制定了一套统一、实用的标准，而我国仍存在信息标准不健全，信息系统的接口各异等问题，导致物流标准化体系建设不完善，企业间存在各自使用的标准，加大了数字化推广、普及的难度。进一步地，我国跨境电商物流缺乏统一的行业标准，难以在跨境物流运营中实现点对点统一对接，造成大量人财物的无效损耗，直接影响了我国在物流国际链路上的竞争力。

5. 数据安全与责权的界定难度较大，安全问题和应急管理压力突出

随着我国社会物流总额的不断增长，对物流用户数据的安全保护，数据资源和敏感、隐私信息的合规使用，用户权益的维护带来很多挑战。中小企业人员流动性较大，又缺乏规范性指导和监督的自觉性，时常发生泄露物流用户信息的情况，信息安全形势不容乐观。当前，利用物流渠道运输危险品和非法物品的情况也时有发生，对公共安全、社会安全乃至国家安全带来较大威胁。在物流行业的产业链中，各环节涉及的参与方众多，参与方机制、标准、利益诉求不一，随着数据为各流程企业带来的关联性不断加强，技术、管理、服务的边界日益模糊，随之而来的是信任机制将面临考验，风险责任将难以界定。

6. 物流数字化发展所需的体制机制不健全，政府管理能力有待提高

我国物流业的管理职权存在于多级政府和多个部门、行业中，例如中央与地方各级政府，交通运输部门、邮电部门、工信部门、市场监管部门等都具有相应的物流管理职能，不同层级间和地区间、部门间缺乏有效协调，阻碍物流业发展的体制机制障碍仍未打破，资源浪费现象较为严重，对物流业的管理和治理呈多元化的分散方式。同时，对物流的管理思路较落后，不断派生的新业态、新模式对政府的管理方式和服务水平提出了新的挑战，包容审慎的管理机制尚未形成，多头管理、老的管理办法常套用于新业态，例如传统空中管制模式限制了无人机的发展，一些新技术只能受锁于物流企业园区之内，这在一定程度上制约了行业的发展，难以满足时代发展需求。

四、物流行业数字化转型的主要方向

(一) 基础层

基础层是物流信息平台的基础,它为平台的正常运营提供了基础保障。[1]基础层的主要作用是采集与传输物流信息,它包括集成了各类智能识记、传感器、图像识别、GPS定位等的感知端以及由各种网络连接而成的传输端,感知端采集信息后由传输端传输信息。作为支撑采集端和传输端的重要基础设施,基础层必然包含与轻便的云架构下计算、存储和网络传输相关的设备。

1. 云架构、存储、服务器等硬件基础设施

云架构 (cloud architecture) 是最容易扩展的架构,其高扩展性在于不使用中央数据库,而是把数据复制到内存中,变成可复制的内存数据单元,然后将业务处理能力封装成一个个处理单元,因此理论上可以实现业务的无限扩展。在物流应用中,云架构可以在访问量增加时新建处理单元,访问量减少后关闭处理单元,因此可以实现效率和成本的双赢。在云架构下,数字化物流的服务器、存储等基础设施均呈现不同特点。

数字化存储系统。基于云架构而构建的数字化物流存储系统可以主动、智能地对物流数据进行更为精细的管理,同时可以支持业务的扩展,从而使企业在更好地响应变化的同时,尽可能降低随着容量增加而导致的累积的资本性支出。目前,主流的物流数字化存储技术包括:1) 自动分层技术,让存储可以满足未来的需要,进而在考虑存储时可将关注重点更多地放在业务上;2) 负载平衡技术,将流动数据迁移至最佳的存储位置,提高存储性能和磁盘使用率,加快信息访问速度;3) 冗余硬件组件、精简快照和远程复制等故障转移功能,可提升数据可用性。

服务器。搭建数字化物流服务器,需要考虑现有的业务部署情况,并以此为基础实现虚拟化,建立起面向未来需求的动态计算资源分配管理和服务自动化的平台,从而支持强大的延展性和可扩充性,帮助用户以最小的成本获取高伸缩性、高可用的计算资源。物流行业中常见的特定时间访问量剧增问题,需要服务器进行调度管理,部署动态迁移、负载均衡策略,这些能力均是由虚拟化资源池提供的。同时,还需要搭配云监控、云防护等措施保证整个系统的安全和稳定。

---

[1] 祝旭,《大数据技术下的智慧物流信息平台构建研究》,2019年1月。

2. 物联网、互联网、云、大数据、5G、人工智能、区块链等新一代信息技术

互联网和物联网。互联网在现实的物理世界之外新建了一个虚拟世界，物联网又将把两个世界融为一体。对于数字化物流而言，物联网通过嵌入在各个物流设备中的传感器不断获取新数据，并经过互联网进行流通，不断选取有价值的信息并完成数据的持续积累。物联网在物流行业的应用可以借鉴互联网的发展及应用模式。互联网在大数据方面提供了很多服务，基于大数据进行供需匹配和全局优化，而在物流行业，当形成物联网大数据以后，也可以实现供需匹配和全局优化，从而使行业实现颠覆式的升级。

物流云。目前在物流领域，云计算的主要应用有车辆配载、运输过程监控、仓储智能管理等。此外，云计算技术还将为虚拟的数字物流系统提供监控可视化、空载率优化、智能仓库选址、整合数字物流单元等方面的提升服务。而物理世界的真实物流系统将分布在数据中心，并将重新划分区域、机架、网段等，然后利用虚拟物流系统的数字技术进行资源的池化，实现基本可管理的资源池。根据不同物流业务分配不同的数字物流虚拟化资源，进行部署和配置，利用数据中心自动化管理工具帮助物流行业实现灵活的业务驱动，其中包括智能监控、自动化部署，推动业务的深层次整合和流程整合，提供高度自动化的 IT 资源供给服务，真正释放云计算在物流数字化转型中的技术能力。

物流大数据。虚拟物流系统依靠大量数据来分析、判断和规避风险。大数据技术将融合多个数据源的多维度信息数据，进行精准的数据分析并在分析的基础上进行数据挖掘和智能决策。数据主要包括商品数据、供应链数据、承运商和货运数据，以及天气、地形、道路、航空、海运的数据等，在全面收集数据的基础上进行数据分析和预测，进而优化整条供应链甚至多条产业链。为实现物流大数据的价值，需要引入虚拟化和智能化存储技术，构建一个高效稳定、安全可靠、易于管理、便于维护、面向未来的 IT 基础设施平台，以整合物流企业的管理类系统、业务类系统，同时优化业务流程，提升相关人员的效率和能力，降低成本。同时在业务上，整合业务资源、客户资源、订单等，让服务流程更通畅、资源配置更优化，整个过程可追溯、可视化。

5G。5G 技术具有低时延、高可靠、光连接的特点，它不是单一的无线接入技术，而是多种无线接入技术和现有无线接入技术集成后的解决方案的总称，必然

对物流的数字化转型产生深远影响。通过传感器等智能设备监测物流过程和环境的关键信息，并将产生的数据汇总至数据库，可以实现物流各环节数字驱动和智能规划。无人仓储、无人配送、供应链创新等物流数字化产物离不开 5G 技术，而 5G 的发展必然将物流行业催化为"高智能，快决策，一体化"的真正意义上的数字化物流。

人工智能。人工智能技术在数字物流中的主要手段包括工程学方法和模拟法。工程学方法目前已经在国内外有一定的应用，如分拣机器人、配送机器人等，带来了物流效率和成本的极大优化。而基于模拟法的人工智能技术尚未得到实践，如虚拟物流系统的设计完善、超精准库存管理等，这类人工智能模拟法对物流行业的促进相对于传统物流的无人化、智能化有更强的颠覆效应。

区块链。区块链技术可以将数字物流产业链上的多个环节有机结合，共同组建平台联盟，以分布式记账方式提高物流单元流通的安全性与可视化。未来数字物流涉及的虚拟产业链分布很长，数据传递过程涉及大量平台，信息准确性存在极高的安全风险，此时信任成本会不断推高，这种情况下，区块链的去中心化、去信任等优势可充分发挥。区块链是一个安全的连续账本数据库，区块链下的"智能合约"可以增加物流过程的安全性，加速物流进程，同时减少全供应链的成本。

（二）平台层

运用物联网技术，创建物流信息共享平台，实现应用服务和数据共享的功能。根据不同的系统结构，可以将其分为智能供应链平台和物流 IoT 开放平台。前者主要用于完成物流的应用服务，实现物流的不同应用、不同平台之间物流数据的交换和物流数据服务。后者则是为了使该系统功能不断完善和优化而进行的数据开放。两种平台技术相互结合，共同促进物流企业的数字化转型。

1. 智能供应链平台

智能供应链平台连通了物流上下游参与者，在存货布局、检测库存和滞销处理上发挥着重要作用。通过数据挖掘，分析商家的经营数据、存货布局的现状，结合大数据预测结果，可以洞悉商家未来的经营趋势。依托经典库存管理体系，不断拥抱人工智能和精准定位来链接客户。根据不同类型的滞销场景，系统可以自动给出对应的处理建议，以可视化方式展示滞销商品分布、分级，智能化地给出处理建议，帮助商家轻松找到仓库里的"问题商品"，从而实现高周转率。

2. 物流 IoT 开放平台

通过物流 IoT 开放平台连通物流线上 / 线下资源，可以为仓储、运输、配送、结算、客服等供应链环节的物流服务体系提供国内 / 国际物流的"一站式""一票到底"等高价值服务。物流平台同时推动了跨界融合，加油维修、应急救援、金融保险、ETC 等物流服务机构参与其中，形成深度协同、多主体共赢的新模式和新业态，从而加速各类物流平台数据开放，通过广泛的社会分工协同模式引领小型物流企业和互联网平台满足即时化、个性化需求。

（三）产品层

1. 仓储环节

（1）5G 智慧仓 / 无人仓

智慧仓 / 无人仓拣的选效率可达到 600 件 / 小时，相比人工拣选，效率提升了 5 倍。实践中，从消费者下单到商品出库，最快 20 分钟就可以完成。而且在 5G 技术低延迟特性的推动下，可以让同一台边缘服务器控制更多的设备，从而提升仓储利用率、降低成本。基于多连接、大带宽的特点，5G 智慧仓 / 无人仓可实现网络切片技术、云计算技术、图像识别技术的有效融合，实现物流全链路监控的图像高清化，做到商品配送全程可视，提升消费者的消费体验。

（2）AGV 机器人

通过 AGV 机器人协同员工提高自动化程度，可以大幅提高效率，降低成本，保证产品质量，而高效率物流需要具有成本效益的 AGV 物流搬运解决方案。其具体场景包括：自动化物流仓库，能够与自动辊筒输送线对接，实现货物的自动上下架及自动运送货物到目的地；供应链上游的无人车间，如柔性加工系统（FMS）、柔性装配系统（FAS）等，实现物料的自动化运输；电商仓储的"货到人"式分拣，为电商的仓储带来了革命性的变化。因此，应加快 AGV 机器人在物流仓储业的应用和普及。

（3）仓储大脑

仓储大脑运用商品销量预测、订单量预测、商品关联度聚类等辅助决策技术，帮助仓库运营管理人员实时监控订单生产情况，并给出预警建议，并应用基于运筹优化算法的物流仿真技术和机器学习技术进行智能排产和智能布局。仓储大脑相关技术在保证订单按时履约、提升订单运营效率和缓解订单暴涨压力方面，显示出了巨大的应用潜力。它在整合基础数据方面也具有极强的能力，可对海量数据进行融合、分析和挖掘，并提供基于数据的无人仓人工智能算法。这样一个自感知、自适应、自驱动的"大脑级"产品在无人仓中的融合应用，将极大地提升了仓库的运营效率，减少各类资源消耗，实现成本降低。

（4）中央集成系统/RFID

数字化物流中央集成系统将RFID标签应用于整个供应链过程的物料和产品跟踪，贯穿原料供应、生产、仓储环节，确保生产企业在车间等制造单元有序和正确地从事生产流程，保证仓储单元的原材料和产品准确地分类和放置。在上述流程中，附着在物料的生产和储放单元上的RFID标签避免了因产品信息丢失而发生错误的情况，因此利用了现代定位、通信技术建立的符合现代物流供应链要求和发展需求的数字化物流中央集成系统极其重要。

（5）机器人流程自动化

机器人流程自动化（RPA）技术的出现或将成为物流行业数字化转型的加速器。RPA即根据预先设定的程序，通过模拟人类的操作模式，自动执行基于一定规则的大批量、可重复性任务，实现核心业务流程的自动化，不断提高运营效率与生产率，并降低成本，满足客户预期。目前，RPA在物流行业的应用涵盖发货计划和跟踪、发票处理和信用托收、采购和库存流程自动化、客户数据查询、捕获与分析以及订单处理和付款的自动化等环节。

2. 分拣环节

（1）分拣机器人

分拣机器人主要用于货物分拣，它通过传感器、物镜、图像识别系统和多功能机械手等设备，通过图像识别系统识别物品形状，利用机械手抓取物品并放到指定位置，最终实现货物快速分拣。随着物流量的爆发式增长，使用分拣机器人降低分拣环节的人工成本已成为一种趋势，尤其是在电商、物流等需要大量处理货物的企业中，这一趋势尤为明显。目前，充电五分钟工作四小时，每天至少分拣20万个快件的分拣机器人已经投入使用。未来，将有越来越多的物流企业配置分拣机器人，分拣机器人将以产品和服务的形式进入市场。

（2）AR 导引分拣

地址复杂和保密性高的物流分拣仍需通过人工方式实现，而数字化物流将使用 AR 技术导引分拣，在上述特殊情况下保持物流分拣的高效率。分拣人员每人会配备一副 AR 眼镜，在工作过程中，眼镜上会自动显示待分拣物品的分类信息，从而大大提高工作速度，同时减少出错次数。借助相应的软件，通过 AR 眼镜不仅能够读取条形码、定位产品，还能显示相应的储物箱，从而能够识别复杂的对象。这使物流企业越发重视其在提高物流效率中的作用。

（3）智能分拣系统

智能分拣系统包含分拣机器人、控制器、编程器、机器人手爪、自动拆/叠盘机、托盘输送及定位设备和码垛模式软件等，还配置自动称重、贴标签、检测及通信系统，并与生产控制系统相连接，以形成一个完整的集成化包装生产线。其中，码垛模式软件是一种柔性码垛系统，实现从输送线上下料，并完成工件码垛、加层垫等工序，然后通过输送线将码好的托盘送走。智能分拣系统可帮助企业有效提高工作效率，大幅降低用工成本和管理成本，快速、精准地完成拾取、分拣、包装工作。

3. 运输环节

（1）无人驾驶

数字化物流的运输环节具备 L4 级别无人驾驶的要求，需要传感器、高精度地图、追踪系统等多技术的支持。传感器方面，需要多传感器融合的技术，实现决策、控制、动态路径规划最优效果；高精度地图方面，针对物流企业主要业务场景，细化采集场景，实现高精度采集；追踪系统方面，除了要能追踪到无人驾驶运输的路径，在遇到意外情况时，还需要能实时补救和维修。

（2）新能源汽车

物流车辆具有高能耗、高排放、高污染的特点，这些特点决定其将是污染物排放治理的重点，新能源汽车的应用将是推进物流车辆排放治理的重要手段之一，物流领域也是新能源汽车下一步推广的重要领域。在物流过程中，城市配送属于物流体系中的最后一公里服务，但是面临"进城难、装卸难、停靠难"的问题，同时运输组织形式也较为粗放，空驶率较高，运输效率较低。新能源物流配送车具有行驶路程相对固定、行驶里程侧重于中短途、使用频率比较高、方便集中充电等特点，因此在城市配送中大力推广新能源物流车，具有较好前景。

（3）车货匹配系统

车货匹配系统是物流企业基于自身货源建立的数字化货运平台，它瞄准区域内非整车市场，结合自有货量和货运平台上的社会订单，提高拼货成功率和车辆装载率，使得车源和货源可以在自有资源和社会资源之间高效分配，打造具有成本优势的区域内配送产品。同时，进一步聚焦同城货源，利用人工智能背后强大的业务逻辑和算法，帮助自带货量的物流企业打造具有成本优势的同城配送产品，从而提高效率、降低成本。

4. 配送环节

（1）无人机、无人车、配送机器人

无人机作为物流配送新技术，是物流配送"最后一公里"的利器，与人力配送相比，无人机具有智能化、信息化、无人化的特点，配送效率更高，因此，受到快递、电商等企业的关注，被认为是快递业末端配送未来布局的重要支点之一。物流无人机适用于小批量、高频次运输，也是农村、山区等偏远地区以及紧急件派送的最佳选择之一。在快递物流市场中，无人机有着成本低、速度快、效率高等优势，可帮助企业减少人力、物力成本。

与无人机相比，无人车的成本较低，应用场景更广。无人车搭载了智能配送系统，提供了多传感器自适应融合算法、环境认知算法、设计合理的路径规划算法、高可靠性的控制算法和智能配送的解决方案，可实现人性化、智能化的自动物流配送。

配送机器人主要应用在社区、楼宇、餐厅、酒店等场景的最后一公里的配送中。当快递由常规运输工具运到社区附近的集散地点后，工作人员将快递放进机器人密闭式配送仓，关上箱门，机器人出发，将快递送到指定楼层。机器人基于SLAM、自主导航、激光雷达、超声波、机器视觉、深度视觉等多传感器融合技术，可实现厘米级定位，不仅可以完成行走、避障等动作，还能自主乘坐电梯，到达指定地点后，自主拨打电话通知用户前来取件。用户输入验证码，即可打开箱门取走快递。与无人机和无人车配送相比，配送机器人可提供更为定制化的服务。

（2）智能快递

作为一种新型的智能收寄快递箱，消费者只需要将智能快递柜放置在家门口，就可以一键解决频繁收取快递的烦恼。快递包裹可以通过运单校验自动入柜，来自第三方和部分信息不对应的快递包裹则可以通过申请授权远程开箱。不管身在何处，消费者都可以随时随地安全收货，让包裹的放置、收取更加安全便捷，免除丢失之虞。

（3）即时配送产品

物流的"最后一公里"——即时配送的市场很大，而想要占据这一市场，就要打造高效的即时配送网络，同时物流企业需要精耕服务的柔性，把逆向物流做到极致。"最后一公里"物流具有业务场景与诉求复杂的特点，需要进行大量数据存储和运维，以及用动态路由来匹配，通过运用"运筹学模型+高级算法+大数据分析+人工智能"对配送过程进行优化，可以降低配送成本，提升配送时效性，实现成本的优化。目前达达、闪送、顺丰等均在即时配送上发力，推出产品进行探索。

（四）赋能层

物流作为供应链的重要环节，物流数字化转型必然对供应链产生深远影响，反作用于供应链的创新。数字化物流将推动供应链实现以互联网、物联网深度融合为路径，以信息化、标准化、信用体系建设和人才培养为支撑的智慧供应链体系，从而高效整合各类资源和要素，提升产业集成和协同水平，实现大数据支撑、网络化共享、智能化协作的智慧供应链体系。数字化物流对智慧供应链的赋能作用主要体现在推进协同制造、加速制造业和服务业深度融合等领域。

1. 推进协同制造

数字化物流的敏捷、高效将推动制造企业应用精益供应链等管理技术，完善从研发设计、生产制造到售后服务的全链条供应链体系。通过推动供应链上下游企业实现协同采购、协同制造、协同物流，促进大中小企业专业化分工协作，快速响应客户需求，缩短生产周期和新品上市时间，降低生产经营和交易成本。同时，数字化物流也必然促进制造供应链可视化和智能化，促进全链条信息共享，提升机械、航空、船舶、汽车、轻工、纺织、食品、电子等行业供应链体系的智能化水平，加快人机智能交互、工业机器人、智能工厂、智慧物流等技术和装备的应用，提高敏捷制造能力。

2.加速制造业和服务业深度融合

数字化物流将提升新一代信息技术的应用普及，加速制造业和服务业的深度融合。基于供应链的生产性服务业迎来发展，服务型制造公共服务平台数量增加。相关企业在数字化物流的赋能下将会加快向供应链上游拓展协同研发、众包设计、解决方案等专业服务，向供应链下游延伸远程诊断、维护检修、仓储物流、技术培训、融资租赁、消费信贷等增值服务，推动制造供应链向产业服务供应链转型，提升制造产业价值链。

五、物流行业数字化转型的主要路径和典型案例

（一）主要路径

图 8-3 中展示了物流行业数字化转型的路径。

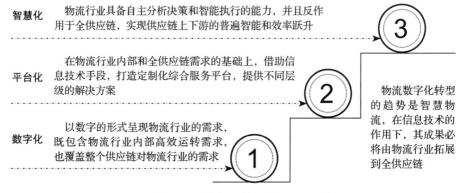

图 8-3　物流行业数字化转型路径图（见彩插）

物流产业的数字化转型方兴未艾，而目前的实践均指向智慧物流这一最终方向，成果必将由全供应链参与者共享。物流产业的智慧化首先要以数据的形式呈现仓储、分拣、运输和配送物流行业内部各环节的需求，以及与物流有交集的供应链的需求，并在此基础上借助新一代信息技术建设能真正抓住客户痛点、满足客户需求的综合解决方案平台，从而实现高度智能和自主决策的智慧物流，这又会反作用于全供应链，实现其效率提升和成果共享。具体来说，物流产业的数字化转型必将经历以下三个阶段。

1. 数字化

多元需求和技术进步促使物流企业思考并选择适合自身的业务模式和业务场景，从而在既定成本和技术水平下，改变原有的单一环节服务模式，完善自身业务体系，丰富业务场景细节。例如，与生产制造企业深度合作，移植高成本环节，实现客户资源的多元化整合，并且向供应链上下游延伸，从而将挖掘出的物流需求点拓展为需求链，形成仓储、分拣、运输和配送物流全流程的需求（如明确仓储成本率、平均分拣时间、输送丢包率和配送时长等）数字化，以及与物流有交集的供应链需求（如明确既定仓储成本率下各原料的订单量等）数字化，为数字化转型提供基础。

2. 平台化

在数字化的基础上，物流企业已经明确了自身业务中的痛点和需求，以及供应链各参与者的需求，可提供满足不同层级的客户需求的服务平台是这一阶段的转型目标。深度洞察客户需求后，提升客户的服务体验的综合平台可分为两个层面：一是物流业务中各环节的提质增效，即借助新一代信息技术，通过形成可以被智能调度的数字孪生体连接实体端和虚拟端。虚拟端明确客户的需求，实体端对需求加以满足并提供报价，从而打破将同一服务提供给不同客户的模式，定制化物流得以迅速发展；二是全供应链整体的层级跃升，即通过人工智能、区块链、5G、AR 等技术，实现供应链上下游的流程再造，动态追踪下游客户的需求，即时调整上游的供应，提供高品质商品，降低库存成本，以合适的价格给消费者带来完美的购物体验，从而构筑整个解决方案平台，为数字化转型提供支撑。

3. 智慧化

经过数字化阶段的客户需求洞察，平台化阶段的客户需求定制化实现，物流数字化转型将经历一段迭代升级的过程，而最终的阶段将是智慧化。物流终端将具备自主分析、决策能力，实现人机的高度融合，大幅提升运转效率，打破物流在供应链中的边界，弥合产销间的时间和空间的鸿沟，实现供需的精准匹配、终端的普遍智能，以及高效的反馈机制，实时调整供给方的生产计划和产能，以最小成本适应需求方的订单波动，实现全供应链的效率跃升。

(二）典型案例

1. 菜鸟——物流行业的数字化升级

菜鸟智能物流骨干网在国际、科技、末端等方面的进展颇丰。其服务的进出口商家超过 75 万个，服务海淘消费者超过 1 亿次，跨境物流提速，其无忧寄件、无感退货服务覆盖全国 2800 多个区县。

在物流数字化转型方面，菜鸟致力于使用技术、数据推动整个行业的数字化升级。一是提出了"一横两纵"战略推进，"一横"是指推动行业所有物流要素的数字化，"两纵"则是聚焦新零售供应链以及全球化能力的打造，实现货通天下，货通全球；二是全线打通 S2B2C 供应链，包括智慧供应链大脑上线运行、逆向物流提升库存健康度等，让新零售供应链更加智能；三是推出了平台战略，基于数字孪生技术、AI 和 IoT 技术，与行业共建了物流 IoT 开放平台，开放给所有物流场景及设备接入，帮助实现仓储、运输、配送和驿站代收等物流全链路数字化、智能化升级；四是在快递飞艇、无人直升机、菜鸟 AI 空间、5G 自动驾驶等物流技术前沿科技领域走在行业前列。

2. 京东物流——供应链产业平台

京东物流以供应链产业平台为依托，以全供应链服务和供应链技术平台为落点，实现产业链上下游的高效协同、高速增长和价值共创。京东物流提出的供应链产业平台（OPDS）基于不同属性的产业提供一体化供应链服务，推动了供应链对产业的数字化改造与技术赋能。

供应链产业平台将聚焦两大方向，一是提供全供应链服务，二是搭建供应链技术平台。围绕全供应链服务，京东物流将以"双 24 小时"和"双 48 小时"实现产销全链打通和国内国际双通，即通过将产地网络和销地网络打通，实现从采购、生产到流通、消费的一体化供应链服务，真正打通产销全链路。而在供应链技术平台，京东物流正在向智能化决策、数字化运营和无人化作业三大方向持续发力，致力于构建全链路智能化的物流平台，搭建面向全社会的完整物流基础设施，打造涵盖底层技术、软硬件系统及智能供应链三个层面的立体化供应链技术平台。

3. 戴尔助力盛丰物流数字化转型

Dell EMC 作为数字化转型领导厂商，帮助物流企业实现运营转型，交付 IT 即服务。DELL 利用 Live Volume 技术帮助盛丰物流搭建了虚拟化数据中心新架构，并在该架构上实现了自动化分层存储、I/O 性能的智能化配置、按需付费的平台扩展。存储系统配置效率提升数倍有余，管理维护效率大大提升。存储系统可用性、稳定性和可靠性达到 99.999% 的超高水平。

通过应用 Dell EMC 的虚拟化和智能化存储技术，盛丰物流构建了一个高效稳定、安全可靠、易于管理、便于维护、面向未来的 IT 基础设施平台，在整合公司的管理类系统、业务类系统的同时优化了业务流程。通过数字化转型，提升了人员效率和能力，降低了成本，整合了业务资源、客户资源、订单等，让服务流程更通畅，资源配置更优化，整个过程实现了可追溯、可视化。

4. 苏宁物流——物流开放战略

在零售物流上，苏宁已经成长为中国零售业最大的自建物流平台。基于未来零售全场景，苏宁与合作伙伴共建全球商业共享的全场景基础设施平台。在末端，苏宁将继续扩充末端节点，实现快递点＋自提点＋小店＋帮客等多元形式融合的末端场景全触达。

科技能力和基础设施平台是苏宁物流开放战略的两大核心引擎。2019 年，苏宁物流构建起仓配、快递、快运、冷链、跨境、即时配、售后七大产品体系，通过搭建科技和效率驱动的物流基础设施平台，以数字化＋供应链全链路输出，为商家和消费者提供体验更好的服务。依托 2016 年成立的苏宁物流研究院和 S 实验室，集中力量打造苏宁智慧物流生态系统。由苏宁研发的智能 AGV 机器人、无人机实景派送、"卧龙一号"无人物流配送车、无人重卡"行龙一号"等创新应用成果均成为行业的典范。

5. 易流科技——业务场景的数字化实践

易流科技成立于 2006 年，是一家基于物联网技术的物流产业互联网服务提供商，其通过"软硬一体"实现物流基础设施的物联网化、供应链全链条的数字化和物流全场景的智能化三个层级，从而打造物流透明生态体系，为物流和供应链领域内的企业实现安全、成本、效率、体验上的价值提升。

易流科技在数字化物流方面的实践主要体现在智能追货、冷链智控和主动安全三大场景。为了保障货物安全，易流通过智能追货系列产品打造出低成本的数字化追货方式，让每一件流动中的货物都能被可视化感知、追溯；在冷链智控系列产品中，具备无线化、移动化特征的物联网设备可以实现全程温湿度监控及采集，实时检测在途的振动、倾斜、跌落情况，并结合云平台实现数据可视化、温湿度追溯、异常报警、数据分析、诚信画像等应用，进而打造全程数字化的冷链信用体系，为建立良好的市场秩序提供助力；主动安全系列产品则基于 ADAS+DSM 车载物联网设备，结合 AI 机器视觉、边缘计算和云计算技术，实现针对车距过近、车道偏离、疲劳和分心驾驶等危险事件的全面预警服务，保障司机驾驶安全，并在云平台形成司机、车辆、车队的多维度数据，用于智能化的业绩考核和优化驾驶。

六、我国物流行业数字化转型的主要影响和阶段评估

（一）主要影响

1. 物流数字化将推动物流产业走向创新、协同、开放、共享的发展模式

数字技术赋能物流产业创新发展。新一代信息技术的加速成熟正在驱动大数据、云计算、人工智能、物联网等智慧技术在物流领域快速实现商业化应用，推动物流各环节实现数字化、智能化、无人化。目前，国内已建成多个无人数字仓，AGV 机器人、PDA 扫码枪、AR 库内导航等新技术得到应用；无人机配送、配送机器人等也在部分偏远地区、园区和校园实现应用。未来，随着 5G 基础设施和物联网技术的成熟，智能货运（无人货运车辆编队行驶）、智能仓储（仓储 AGV 远程遥控监管）、无人配送等物流新形态将不断涌现。

物流数字化促进全网优化协同。数字化技术正由物流单点向全供应链的数字化延伸，上游与工厂连接，下游直通消费者，实现产－仓－运－配全供应链协同一体化，根据供需信息优化物流资源，提供从智慧工厂、无人数字仓、无人智慧分拨、无人智慧配送（站点）到消费者的端到端智慧物流解决方案。此外，物流各环节的泛数字、泛连接、泛智能促进诸如车货匹配、人车协同、车路协同以及不同运输方式之间的多式联运协同，真正做到统仓统配和物流全网优化，有助于大幅提升物流各环节和整体效率，降低物流成本。

物流数字化催生共享商业模式。随着数字技术对物流行业的影响加深，大量资本进入物流行业，传统物流企业（顺丰、通达系、百世等）、制造业企业（美的、

格力等）纷纷搭建自己的物流数字化平台，一些网络科技型企业（菜鸟、京东、苏宁等）也由电商平台向物流平台进军，借助数字平台技术促进仓储和运力资源高效整合，带动物流行业深刻变革。未来，全新商业模式的出现将进一步整合物流资源，通过更高效的连接，创造多样化的物流共享模式——云仓资源共享模式、物流设备共享模式、末端网点资源共享模式、物流众包共享模式、共同配送共享模式、运力整合共享模式等，从而实现物流的高效运转和价值创造。

物流数字化促进产业生态更加开放。物流行业是典型的低集中度行业。目前，我国物流企业约有60万家，其中A级物流企业有6000多家，而90%的合同物流企业为中小微型企业。[①]由于仓储、运力资源掌握在不同市场主体手中，市场分割导致物流资源无法发挥最大化效率。数字化赋能物流的关键在于物流资源，尤其是数据信息资源的开放共享。物流数字化、平台化趋势将扭转物流行业生态，物流数字生态的建立将推动企业从封闭竞争走向开放合作，未来的物流行业将由竞争激烈的丛林式产业生态向开放合作型转变。大量企业将在一个生态系统中相互合作，物流领域的千亿级公司越来越多，在资源、资金和业务上具有明显优势，同时大量小型的物流企业也将获取自己的生存空间，基于物流数字化平台共享资源获取价值。

2. 物流数字化在提升物流效率的同时将促进物流新模式、新业态诞生

物流数字化孕育第四方物流，创新物流业务模式。大数据时代，数据已成为重要的生产要素和战略资源。物流行业数字化、互联化和平台化趋势明显，为第三方专业物流企业提供资源信息整合和综合增值服务的第四方物流企业、平台正在快速发展。以横向整合为主的跨区域运力资源平台，以及以纵向整合为主的专业化应用管理平台相继诞生，并在平台的基础上逐渐形成了金融、保险、汽车后服务等产业链生态，物流新商业模式呈现出旺盛的生命力和竞争力。各类物流平台基于社会分工协同模式，通过物流平台和线上/线下资源，为仓储、运输、配送、结算、客服等供应链环节的物流服务体系提供物流的"一站式""一票到底"等高价值服务。同时，第四方物流平台还将推动跨界融合，提供诸如加油维修、应急救援等围绕运输环节的汽车后服务，金融保险、贷款租赁、结算等物流金融业务，以及物流大数据分析预测和资源优化的大数据服务，形成深度协同、多主

---

① 中国产业信息网，《2017年中国物流行业集中度及发展趋势分析》，2017年8月

体共赢的新模式和新业态。

物流数字化借助物联网区块链技术实现五流合一。当前阶段的物流数字化只是实现了货物轨迹流和信息流的部分打通。未来，建立在5G等新一代网络基础设施上的物联网技术，将把供应链各环节涉及的产品和设备连接起来，从用户下单到厂商原材料采购、生产、交付，再到物流运输、仓储、分拨、配送，最后送达消费者这个完整的过程，实现数据驱动下的端到端全供应链透明化和可追溯，提升消费者体验。区块链与物流结合将进一步实现"业务流、信息流、物流、资金流、票据流"五流合一，颠覆物流行业规则。区块链技术采用的分布式记账特性，可实现业务数据实时共享，缩短物流企业对账周期；利用智能合约技术，可实现交易生成自动触发结算，降低交易往来中的资金风险，彻底解决我国物流运输环节多、物流主体复杂所带来的交易成本。

3. 物流数字化将赋能供应链绿色化，提供可持续发展解决方案

物流数字化借助资源整合优化配置实现绿色化。物流数字化平台可以实现车货高效匹配，减少空驶损耗和中间环节，优化运输线路，减少运输过程的污染排放，打造绿色物流。物流共享模式通过仓储、运力、站点等物流资源的虚拟化和跨主体共享可以有效利用现有物流资源，减少物流中间环节，实现绿色物流。

物流数字化借助车联网技术实现智慧绿色物流。针对物流行业运输环节的高能耗特性，借助新能源汽车和智能网联汽车实现人、车、路、终端的全智能物流覆盖。智能物流车辆在动态定位、线路优化、货物感知、智能交付、节能减排、自动驾驶等方面的能力全面提升，形成车与人、车与车、车与路、车与货的共享和网络共建，实现智慧绿色物流。

物流数字化通过单点绿色化推动绿色物流落地。在数字化技术的助力下，通过优化仓库布局和运输线路实现绿色仓储；数字化助力包装袋循环回收利用，减少过度包装，并使用可降解包裹材料实现绿色包装；启动新能源汽车和无人配送设备实现绿色配送；通过终端一体机使用，实现全流程节点扫描无纸化交接，整体正向物流和逆向物流全部实现电子签收。通过模式创新、技术助力等多种方式，全方位、多维度推动绿色物流加速落地。

4. 物流数字化将对物流产业劳动力需求和人才结构带来巨大冲击

物流数字化、智能化、无人化趋势将带来物流行业劳动力需求锐减。传统物

流行业一直被视为劳动密集型行业,运营中需要大批劳务人员从事运输、分拣和配送等工作,目前我国物流岗位从业人员超过 5000 万人。人工智能、物联网、自动仓库、机器人、可穿戴设备、无人机、自动驾驶、智能移动终端等技术应用的日趋成熟,正推动物流各环节的数字化、智能化、无人化。仓储、分拣、运输和配送的每个环节都与无人仓、无人机、无人车密不可分。无人分拣技术将人工效率提高近 7 倍,节省了 70% 的人力,并避免无效运输;无人货运编队运输、无人机和配送机器人以及无人仓也都在提升物流效率的同时,大幅替代劳动力需求。

物流行业转向技术、资本、人才密集型,导致跨界复合人才持续紧缺。物流数字化使行业新技术、新业态不断涌现,对物流专业和跨行业复合型人才需求强劲。物流数字化带来了对数据运营、物流规划、数据分析类人才的需求;物流智能化带来了对物联网、平台运营管理与智能仓配相关技术人才的需求。随着 AI、大数据、物联网、VR/AR/MR 以及区块链技术与物流行业加速融合,既懂技术又懂应用场景业务逻辑的复合型人才普遍缺乏。

5. 物流数字化将带来产业形态变革,对政府治理、监管提出新要求

物流数字化对政府数据治理提出新要求。大数据时代,数据是最重要的战略资源,目前物流行业的数据分散掌握在各家物流企业手中。要实现大数据共享,赋能物流产业实现全网优化,首先要明确数据产权,打破数据孤岛,加强数据保护,制订数据标准,规范数据使用。为此,政府需要加快数据相关立法和制度、政策研究,提升数据治理能力,消除物流行业数据采集、传输、保护、使用过程中的法制性和制度性障碍。

物流无人化对政府道路安全监管提出新要求。物流行业无人化趋势日益明显,目前很多物流领军企业纷纷加大对无人设备的科技投入,在一些仓库、园区已经部署、运营了大量的无人设备。无人设备应用场景不断扩大,例如无人机仓库巡检、无人机山区配送、机器人终端配送等。未来,无人设备的应用范围将继续扩展,从封闭的环境走向开放的空间,这将对公共安全领域带来一些新的挑战,例如无人货车开放道路环境下的编队运输、无人机低空空域运输配送等。这些都给政府公共安全监管能力和监管政策提出了新的要求。

物流新业态对政府的行业监管政策提出新要求。数字化技术带来的物流领域的创新层出不穷,新技术不断催生新业态、新模式。未来,物流生态更加开放多

元,数字化时代的共享商业模式更加普遍,第四方、第五方物流应运而生。政府传统的行业监管政策往往针对较为成熟的行业,如何适应物流数字化带来的行业新变化,在市场准入、营商环境等方面更加包容审慎,创造既鼓励创新又兼顾行业健康发展的外部环境,是对政府管理服务提出的新课题。同时,如何加强相关监管部门,如税收、交通、海关、邮政、铁路、航空等之间的协调,也是亟待解决的制度性障碍。

(二)阶段评估

我国物流货运行业集中度低。一直以来,"小散乱差"、区域分割、物流成本居高不下等问题困扰着物流货运行业发展,加之企业信息化和标准化水平不高、缺乏统一的信息标准,导致物流货运业成本偏高。作为连接制造和消费的重要环节,物流业已成为我国国民经济的支柱产业之一和重要的现代服务业。随着新一代信息技术在物流领域的创新应用,物流和供应链服务的数字化进程正在加速。据 MHI 和德勤共同发布的报告显示,80% 的企业认为,数字化供应链将在未来 5 年占据统治地位,16% 的企业认为数字化供应链已经占据统治地位。[①]

对于部分行业来说,数字化转型的动力不是因为收益可以预期,而是因为不转型的成本、风险难以忍受。但是,对于物流行业来说,数字化转型所带来的供给端效率提升、需求端效用改进以及由此获得的效益增加都是正在发生或是可预期的(见表 8-2)。因此,物流行业的数字化转型进程较快。例如,数字化物流可以提高物流周转率,进而提高物流效率,通过物流实时追踪等提升消费者体验,最终通过降低物流成本为物流企业增加效益,下面给出了实践案例。

表 8-2 物流行业数字化带来的效率、效用和效益改进

改进类型	改进内容
效率提高(供给侧)	降低仓储车辆等物流设施的闲置、等待时间,车货仓站协同提高物流资源使用率,物流总周转率提高
效用改进(需求侧)	收货周期缩短,物流可实时追踪,轨迹透明可追溯,支持在途物流操作,物流实时可控等
效益增加	降低物流成本,提高物流收益,创造增值服务,创造数据价值,赋能制造环节供应链

[①] 美国物料搬运协会(MHI)、德勤,《2019 MHI 年度行业报告》,2019 年 12 月

菜鸟实践：数字化助力收货周期大幅缩短（效率提高）

2015年左右，俄罗斯的消费者在阿里巴巴上下订单的时候，从下订单到签收平均需要45天的时间。菜鸟用三年时间不断地打通链路、数据，优化流程，现在已经实现10个工作日可以签收商品。下一步菜鸟希望实现5个工作日从端到端的体验，届时，跨境的B2C将会成为全球消费者主流的消费模式。

顺丰实践：数字化支持在途物流订单修改（效用提升）

过去，一旦写错了收货地址便不能修改，只能等物流送达错误地址再寄回寄件方重新安排邮寄，用户体验极差。在数字化技术支持下，顺丰速运新近推出在途订单修改业务，用户可以在App上自助完成地址更改转寄、上门配送时间调整等，用户体验显著提升。

中储智运实践：数字化赋能创造增值服务（效益增加）

中储智运依托其半个多世纪的仓储物流行业经验，运用移动互联网、云计算、大数据、人工智能等信息技术，将货、运输工具、场地等物流要素数字化，打造新物流生态圈，为物流行业提供高效公共服务。基于以客户为核心的理念，精准研发大数据产品，为客户提供专业物流服务。同时，通过为货主提供在途监控、一键发货、货主账期、物流托管、货物保障、多式联运等服务，助力货主实现降本增效。另外，为司机提供运费预付、重卡租赁、油品业务、ETC、积分商城、快修保养等服务，创造增值服务。

中国物流与采购联合会将中国物流信息化发展进程划分为四个阶段。第一阶段：普及信息化理念阶段。在这个阶段，大量物流企业停留在手工操作、人工报表阶段。第二阶段：随着物流信息化需求增多，出现了专业的信息化服务商和物流信息化产品，满足企业个性化需求，随后演变为最初的物流公共信息服务平台。第三阶段：随着移动互联网的快速发展，行业内出现了以横向整合为主的跨区域运力资源平台，以及以纵向整合为主的专业化应用管理平台，并在平台的基础上逐渐形成了金融、保险、汽车后服务等产业链生态。第四阶段：数字化引领智慧物流满足差异化、多元化的需求，智慧物流市场快速发展，成为行业转型升级的新动能，行业由自动化、网络化向数据化、智能化升级。

物流企业正在经历的数字化转型，其逻辑起点是新一代信息技术与物流行业的结合。新技术带来新业态，新业态要求有新的管理和组织模式相适应，由此带来经济领域的变革，进而带来社会领域以及基础设施和制度层面的变化。因此，在判断物流行业数字化发展阶段和转型进程时，本研究构建了一套新的指标体系，从技术、经济、社会和制度四个维度以及13个指标展开评估，如表8-3所示，其中阴影部分表示在相应维度上我国所处的发展阶段。

综合来看，我国物流领域的头部企业数字化转型程度较高，基本处于集成级水平，但由于整个行业中的企业数量非常多，数字化进程参差不齐，很多仍处于起步级甚至还没有数字化转型方面考虑。因此，整个行业的数字化水平距离达到引领级还有很长的路要走。

七、我国物流行业数字化转型的政策建议

（一）统筹布局物流行业数字化发展规划，加强和统一相关法律政策的制定

制定并实施我国物流数字化发展的专项规划，编制物流业数字化转型升级的技术和装备路线图。打破政府不同部门间的界限，加强法规、政策系统化协调建设，解决物流数字化过程中出现的新技术、新模式、新业态的政策障碍。出台财税引导政策，建立动态有效的政府财力保障机制，推动财政专项资金和税收优惠向物流数字化技术研发、应用试点、产业园区的建设倾斜，为物流行业数字化发展营造良好的生态环境。推动物流业与相关产业深度融合，将物流业的数字化发展目标、路径与保障措施与各产业发展规划相关联，进行"一盘棋"式统筹架构，推动物流信息服务向多式联运上下游产业链延伸，深入发掘各产业与物流行业的交叉点，充分发挥物流业的支撑服务和先导带动作用，寻找新的行业增长点。

第八章 物流行业数字化转型的模式和路径

表8-3 物流行业数字化发展阶段评价指标体系

维度	指标	起步级	优化级	集成级	引领级
技术度	数字技术投入	数字技术投入以运输、仓储、配送等单点数字化改造为主	数字技术投入面向物流企业内部纵向集成	数字技术投入面向第三方物流企业，打造跨企业第四方物流公共信息平台	数字技术投入面向构建服务所有物流企业的产业生态
技术度	数字技术赋能	数字技术赋能物流局部环节，实现仓储数字化、配送数字化等单点效率提升	数字技术赋能物流企业，实现企业内部一货一仓一场等物流设施一体化协同	数字技术赋能物流企业公共平台建设，实现接入物流企业之间物流设施协同和效率提升	物流基础设施实现万物互联，物流效率得到全网优化
新业态（经济）	服务升级迭代	物流企业局部环节效率提升，数字技术代替手工操作，服务能力大幅提升	物流企业内部各环节均实现数字化，打通数字孤岛，实现物流整体服务效率优化	物流企业之间实现数据无缝连接，跨企业物流网络得到优化	物流数字化向供应链数字化延伸，实现连通制造商与消费者的供应链全链条物流优化
新业态（经济）	用户体验创新	物流信息部分可查询、可追溯，物流成本大幅降低	物流关键节点信息可查询、可追溯，物流同转送达时间大幅缩短	物流轨迹信息颗粒度大幅提高，用户随时可查改物流配送信息，实现双向交互体验	物流轨迹实时追踪，实现供应链透明化、物流服务质量安全可控
新业态（经济）	商业模式创新	物流服务开始向线上转移	物流实现全面无纸化，无人化技术得到应用	服务于专业物流企业的第四方跨区域物流资源整合平台出现，物流智慧化全面应用	实现围绕供应链的互联合一，新商业模式大幅涌现
新管理（经济）	战略决策创新	开展数字化战略规划	数字化战略进入实施阶段，数字化资金投入增多	数字化战略成为企业发展的核心，企业数字化模式变革以适应数字化转型	数字化战略深入实施，形成上下协同的数字化文化，基于数据的决策能力显著提升
新管理（经济）	数字化供应链创新	物流供应链局部节点开始实现优化	企业内部物流供应链节点以优化	第四方物流资源整合平台与数据共享服务对接	数字化基础设施实现全网优化，不同物流环节的物流资源进入共享模式
新组织（经济）	平台系统能力创新	企业数字化起步阶段，组织模式开始调整以适应数字化转型	企业基于自身数据平台，物流效率提升，组织模式发生变化	跨区域、跨企业、跨运输方式物流资源整合平台对物流资源持续优化	形成系统全面的物流数字化组织模式，设施层、平台层、应用层趋于完善

（续）

维度	指标	起步级	优化级	集成级	引领级
社会	人才创新	企业数字化相关人才开始出现大幅增长，传统人才仍占主导	企业数字化人才受到重视，需求强劲	企业成立专门的数字化部门，主导企业数字化转型，数字化人才技能水平显著提升	企业任命CDO参与运营管理决策，数字化人才得到空前重视，对数字化人才吸引力较强，为员工提供持续的数字化技能培训，支撑企业的数字化战略
社会	数据治理	企业加强物流各环节数据采集，提升数据利用能力	企业自建物流信息平台，加强数据安全和隐私保护，基于自身数据进行物流效率优化	物流企业达成围绕数据产权的行业协议，基于数据产权的物资资源整合平台运转顺利	出台行业数据规范管理标准，出台具有法律效力的数据产权认定和保护条例
社会	可持续发展	物流各环节效率提升，无效环节减少	企业内部物资资源效率大幅提高，数字化驱动仓储、运输、配送线路优化，能耗和排放大幅降低	跨区域、跨企业物资整合，车—货—仓—场—站等对接协同，实现无纸化资源共享	绿色供应链体系全面建成，基于数据闭环的管供链支撑全网优化，绿色包装、托盘等实现循环利用
制度	数字化基础设施	新一代信息技术在物流领域开始示范应用，基础设施数字化启动	企业物流设施数字化改造全面启动，智慧仓储等数字基础设施出现	智慧物流骨干网建成，跨区域物流资源整合平台大量涌现	智慧物流基础设施体系全面建成，多式联运数字信息全面打通
制度	数字经济新管理制度	现有管理制度数字化出现不适应，业界和学界呼吁对制度进行重新设计	相关部门着手数字经济新管理制度的研究，出台过渡性支持政策	进行物流数字化转型顶层设计，制定规划，理顺管理体制机制	相关配套改革举措实施完毕，在法律、规章、制度等层面支撑数字物流发展，并具有对物流新业态、新模式的快速适应和调整能力

（二）发挥大企业作用，开发关键技术设备，建立高效智慧物流管理平台创新合作共享模式

政府应发挥能动性，鼓励骨干物流企业，特别是物流科技型企业在数字技术研发、综合应用、集成管理、设施装备研发上发挥领头羊作用。尤其是在适应未来发展的无人化技术设备方面，应鼓励业内标杆企业进行相关试验应用，帮助中小物流企业实施数字化、智能化的升级改造工程，实现技术和设备的升级，将数字技术融入物流仓储系统、包装系统、揽配系统、结算系统、监控系统、跨境电商等系统中，并在传统物流企业中实现推广普及。进行专业化的物流信息平台建设，制定并完善物流信息标准，整合共享物流企业拥有的跨地区、跨行业的客源、货源、路源等物流闲置资源，加强物流资源整合与企业协作共享，促进物流要素全面连接，发挥数字资源的隐性价值，实现物流行业整体绩效最大化。

（三）完善物流发展基础设施在区域间的布局，推动物流数字化的可持续发展模式

平衡我国物流基础设施在区域间的建设差距，对物流的仓储园区、货运走廊、枢纽节点进行统筹考虑，在制造、加工、仓储、转运、停靠、装卸等环节的物流基础设施建设布局上重点向广大中西部地区倾斜。优化城乡节点物流基地的资源整合，合理配置城市社区、郊区、乡村及边远地区的物流末端配送服务点、物流数字化存储站和物流投放站，缩小物流服务差距。协同大中小型物流企业的发展规划，整合市场资源优化布局，避免企业物流资源的重复投入和建设，促进物流企业的专业化分工，降低企业成本，提高资源利用率。加强集约环保的绿色物流工程建设，建设绿色低耗仓储设施，推广物流无害环保包装材料重复使用制度，合理配置物流运输方式，实现揽配端无纸化服务系统。鼓励和引导物流企业进行节能改造，建设物流企业绿色评级制度，对物流产生的污染进行实时监控、监督及处罚。

（四）加快物流信息化标准化体系建设，不断增强物流国际化标准的运作能力

不断完善物流标准体系，整合不同物流企业使用的分散标准，实现跨行业、跨部门、跨区域相关物流指标和信息的协调，健全物流数据应用的相关标准规范，

以保障物流数字技术和应用标准的协调统一性，实现我国物流行业数字化转型升级的标准规范化，形成一批对全国物流业共性技术、基础设施和服务水平提升有重大促进作用的应用标准。同时加快统计体系、绩效评价体系的建设。完善我国物流各项标准与相关产业行业标准的对接，加强与国际物流标准体系的接轨，大力提升物流仓储园区、物流运输节点、物流基础设施、物流揽配业务、物流信息交换共享等方面的国际标准化运作水平。

（五）建立、健全物流信息安全防控机制，维护数字知识产权和个人隐私安全

应在物流法律法规中添加保护数据安全，特别是加强对涉及个人隐私的数据安全风险防范的内容和要求。构建能够满足物流行业数据信息使用、管理、交易、保护需要的规制体系，监管部门应加强对个人信息及隐私的保护力度，推动物流行业的保密自律机制，严格约束物流企业不向第三方披露所掌握的客户信息，确保在商业数据挖掘中谨慎对待个人隐私，不滥用、盗用。深化物流货品安保与检测技术的研发应用，加强对物流危险品的监控和管理，积极规避物流货运风险和制度风险，大力发展物流保险业务。

（六）理顺数字化物流发展管理体制，促进物流治理体系和管理能力的建设和提升

正确定位政府和市场在物流行业数字化转型升级中的权责分工，以包容审慎的态度不断改进审批管理方式，放宽对物流企业资质的行政许可和审批条件，统筹物流领域的各种资源，提高物流市场集中度和集约化运作水平，减少物流企业间的无序竞争，促进物流要素的高效流动、利用。建立起由政府、企业、协会及其他社会组织共同参与的智慧物流管理体制、协调机制与监管机制。重视部门统筹与地方协调，强调已有政策的落地，对新业态、新模式要制定新的配套政策。充分发挥行业协会的作用，加强社会统筹协调，建立协同治理机制，营造统一、开放、规范、有序的数字化物流营商环境。

Chapter9 第九章

医疗行业数字化转型的模式和路径

随着中国社会经济的发展，医疗健康事业成为重要的民生领域。《中共中央关于坚持和完善中国特色社会主义制度 推进国家治理体系和治理能力现代化若干重大问题的决定》（简称《决定》）中指出，要"坚持关注生命全周期、健康全过程，完善国民健康政策，让广大人民群众享有公平可及、系统连续的健康服务。"加快医疗行业数字化转型，充分利用现代信息技术，着力提高医疗供给能力和服务水平，成为落实《决定》要求的关键举措。

一、医疗行业数字化转型的内涵、意义和主要特点

（一）内涵

医疗作为传统行业，其信息化建设起步较早、对新技术的接受程度较高，但在深入应用方面却进展缓慢。医疗行业数字化转型是以医疗数据的采集、存储和分析为核心，以数字技术的应用为手段，实现在医院管理、医疗诊断、区域医疗等领域业务流程和数据流程的数字化管理，以及数字技术在医疗场景中的深度应用。此次研究主要针对公共卫生机构、医疗机构等数字医疗技术应用主体，居民个人自我健康管理数字化转型不在此次研究范围内。

从技术、经济、社会三个角度来看，在医疗行业的数字化转型中，人是核心，

技术只是工具，数字化服务的对象应该包括政府医疗卫生部门、医疗机构、医护人员、患者、医药企业、其他行业机构（与医疗融合领域，如保险等），即通过数字化技术辅助人来实施医疗诊疗、医院管理等行为，从而实现医疗行业效率的提升、成本的降低，进而助力打造健康中国。

（二）意义

健康是民族昌盛和国家富强的重要标志，是人民群众最基本的需求，是一座城市发展的基石。党的十九大提出实施"健康中国"战略。《"健康中国 2030"规划纲要》指出，到 2030 年，健康服务能力大幅提升，优质高效的整合型医疗卫生服务体系全面建立。党的十九届四中全会也提出："强化提高人民健康水平的制度保障"。为民众提供生命全周期、健康全过程管理服务已经上升为国家政策。为了更好地满足人民群众对健康生活的美好追求，通过医疗行业的数字化转型和智能化升级提供多元化云服务支持就显得尤为重要。通过云信息平台+生态战略，将逐步打通每位公民预防、保健、医疗、救治、养老等生命全周期的服务壁垒和障碍，使有限的医疗资源得到合理的分配和利用。通过物联网+服务，让更多百姓感受优质健康服务，高速运转的信息化工程正在帮助人民群众过上更安全、更健康、更长寿的生活。

（三）主要特点

1. 标准化和规范化程度要求高

医疗数据的采集、存储、分析、应用是医疗行业数字化转型的核心，如何让医疗数据发挥出最大的价值是医疗数字化转型的中心环节。目前，医疗行业数字化转型的关键是要打破"数据孤岛"，而医疗信息系统技术标准的制定，基础信息数据标准的制定、规范和统一将助力医疗数据的互通互认，这也是由政府主管部门一直主导和推进的重点工作。与其他行业的数字化转型之路相比，医疗行业在数字化转型方面的标准化和规范化要求更高，也需要更多的行政力量来支撑与推进。

2. 细分领域众多，数字化建设以场景切入

医疗卫生系统十分复杂，涉及的管理与服务内容非常多，数字技术可应

用的场景也非常多。医疗行业数字化转型多是从小场景切入，针对某个具体的应用场景进行数字化建设，如构建新型的网络基础架构、建立医院管理信息化系统、开展某种疾病的辅助诊疗等。医疗行业数字化转型是以点带面来实施与推进的，通过解决医疗行业发展过程中的实际问题，逐步开展全行业的数字化转型。

3. 数字医疗技术应用推动行业发展

随着医院管理信息化、医疗付费电子支付、微信预约挂号、基于电子病历共享的一体化远程诊疗协同服务、人工智能医疗影像读片等数字医疗技术的深入发展，医疗行业产生了颠覆式变革。这种变革不仅是管理方式上的，也是服务方式上的。在数字经济时代，医疗行业的数字化转型已经成为必然趋势，并为传统医疗行业带来了新挑战、新机遇、新使命，可以说，数字医疗技术的应用正在推动医疗行业发展。

二、国际医疗行业数字化转型的主要经验和重要启示

（一）主要经验

1. 国际医疗数据安全与隐私保护

（1）美国 HIPAA 的起源与发展

1996 年，克林顿政府签署了《健康保险可携带和责任法案》（Health Insurance Portability and Accountability Act，HIPAA）[⊖]。2001 年 5 月 7 日，美国第 107 届国会通过修正案，要求联邦审计总署对 HIPAA 的实施及电子数据交换标准的实施效果进行评估。2003 年，HIPAA 中涉及 IT 安全的"隐私条例"得以实施。该条例要求那些拥有公民医疗记录或其他个人健康信息的公司和机构，都必须按照 HIPAA 的规则将所有的个人医疗信息保存或转换为电子档案。2010 年，美国卫生部对 HIPAA 隐私安全规则进行了一系列修改以加强对患者的隐私保护。除了进一步增加患者的权利，也进一步加强了对卫生相关企业的数据安全与隐私保护要求。

⊖ 李毅、赵乐平，《医学信息学教程》，2016

实施 HIPAA 的目的是通过让医疗服务商和保险公司接触健康信息，控制、确定健康记录是否得到了正当使用，以保护患者的权利；通过恢复人们对医疗保健体系的信任来改进医疗服务的质量；改进在各州及卫生系统建立起来的卫生保健途径的效率和效力。

HIPAA 的作用主要在于：保证劳动者在转换工作时，其健康保险可以随之转移；保护患者的病例记录等个人隐私；促进国家在医疗健康信息安全方面实施电子传输的统一标准。

（2）欧盟《通用数据保护条例》(GDPR) 对医疗行业的影响

欧盟《通用数据保护条例》于 2018 年 5 月 25 日起正式施行，旨在加强对欧盟境内居民的个人数据和隐私的保护。这项保护条例不仅适用于欧盟内部的组织，也适用于欧盟以外向欧盟公民提供产品或服务的任何组织机构。与 HIPAA 不同的是，如果违反相关条款，HIPAA 每年最高罚款仅为 150 万美元；而 GDPR 的罚款可能高达 2400 万美元或违规机构年收入的 4%，并以较高者为准。

GDPR 适用于全自动个人数据处理、半自动个人数据处理，以及形成或旨在形成用户画像的非自动个人数据处理，且条例中明确了"个人数据泄露""基因数据""生物性识别数据""和健康相关的数据"等医疗健康相关数据的定义，还提出"对于基因数据、生物性识别数据或健康相关数据的处理，成员国可以维持原有规定，或者做出新的规定，包括对处理基因数据、生物性识别数据或健康相关数据进行限定。"

针对医疗领域数据安全和隐私保护，GDPR 规定了严格的保护措施。其一，GDPR 要求医疗机构在个人数据处理中确保个人数据的安全，要采取适当的、合理的技术手段、组织措施，保障数据的完整性与保密性。其二，GDPR 要求若发生数据泄露，必须在 72 小时内报告。其三，机构需要证明数据主体已经同意对其个人数据进行处理，且数据主体应当有权随时撤回其同意意见。其四，GDPR 明确了收集、传输和使用数据的方式，以及在提供和处理相关服务结束后的数据删除和返还问题，从而保障了医疗数据的安全传输与存储。

2. Watson 在医疗行业的起与落

Watson 是 IBM 推出的认知计算系统，其在医疗领域的应用很广泛，尤其是在肿瘤治疗和临床试验匹配方面应用较多。Watson 肿瘤治疗（Watson for Oncology）是指，经过专业培训的 MSK 外科医生以外科医生治疗过程中发现的问题和证据作为基础依据，辅助临床医师提供治疗方案。Watson 在前期的数据收集过程中，一方面录入全网、全科医学公开数据、病历资料，另一方面通过和研究所、医院的深度合作，让 Watson 采集病人的详细病例报告等相关重要信息，然后将这些信息与最新的相关理论和实践方面的成果进行整合，帮助临床医生制定诊断和治疗策略。

在拥有海量数据后，Watson 向医疗机构、个人用户提供服务。在医院，Watson 在强大的自然语言处理技术的加持下，通过自己的海量数据分析、处理能力，给医生提供诊疗建议和资料，在辅助诊疗领域能够提供较大的帮助。而对于个人用户，Watson 可以提供医疗健康管理服务。针对重大病症，可以从海量案例库中提取相应病例资料，辅助医院进行对症治疗；而针对体检报告，Watson 可以进行解读，并给出预测性分析和健康管理意见。

2019 年 4 月，一篇刊发在 IEEE Spectrum 的题为《IBM 沃森在人工智能医疗方面的妄言与食言》的特别报告引起关注。[一] 2016 年，安德森癌症中心在花费 6200 万美元之后，选择了终止与 Watson 的合作。到目前为止，IBM 曾经的承诺并未兑现，市场推广阻碍重重，已经出现了因治疗方案不当引起的病患死亡、营收下滑、业务快速收缩、高管离职、大幅裁员等诸多负面新闻。

Watson 从最初的高开到最后的低走，主要问题有以下几方面：其一，医疗数据有其特殊性，因为安全和隐私原因本来就不易获得，而且即使是癌症数据，不同癌症的差异也较大，有限的数据资源对 Watson 的技术研发十分不利；其二，Watson 没有正确评估自身实际能力就急切地将不成熟的产品推进市场，导致商业化落地失败；其三，虽然人工智能、大数据等新技术在各个行业都有众多应用场景，但受技术成熟度和行业场景复杂度的限制，很多业务需求与前沿科技成果之间存在较大差距，盲目地将技术推进市场会导致产学研脱节，项目落地失败。

（二）重要启示

1. 数据安全合规性要求提高

美国的 HIPAA 为病人提供了保障医疗健康数据隐私的权益，欧盟的 GDPR 更是被称为史上最严数据安全条例。医疗数据多涉及用户隐私，数据安全和隐私防

[一] 李雅琪，《IBM 沃森健康发展失利折射 AI 应用四大误区》，2019

护是医疗数字化转型的前提与基础，也是政府监管的重点。对医疗数据安全与隐私保护的监管将会越来越严格，医疗行业数字化转型的过程需要不断加强在安全防护与数据治理方面的投入。

2. 加强医疗行业政策保障

医疗一直是政府强监管的行业，很多行业问题已经不是数字技术可以直接解决的，需要政府配套出台相关的法律法规和制度条例。数字技术只是作为辅助手段，助力推动相关政策的落地与实施，帮助政府实施行业监管。因此，政府应加强对医疗行业问题的梳理，尤其是在医改过程中出现的问题，并不断调整相关的流程、制度，利用信息化、数字化的技术手段，自上而下地进行统筹推进和运行监管，最终实现由行业数字化转型带来的医疗服务水平全面提升。

3. 加快推进医疗数据的开放共享

人工智能技术的出现对医疗行业具有重要价值和意义。但是迄今为止，大部分医疗人工智能产品仍停留在实验阶段。人工智能在很大程度上是要依托更高质量、更大规模的数据对其模型进行训练，进而提升能效。医疗行业虽然数据量很大，但数据获取困难，而且由于疾病细分种类很多，有很多细分病种的数据样本其实并不多，数据资源的稀缺给技术应用造成了阻碍。因此，加快搭建企业与医疗机构之间的有效沟通渠道，推进医疗数据的开放共享，是未来数字技术在医疗行业深入应用的关键。

4. 商业模式落地需要持续探索

目前医疗信息化的商业模式基本已经成型，但是"互联网＋医疗"领域的企业普遍仍在探索商业模式。很多医疗人工智能、健康医疗大数据企业正处于以融资维持企业运营的阶段，企业有技术，但没有标准化的产品和服务，很多都采取与政府、医疗机构、高校合作课题的模式找项目，或者是以信息化业务营收反哺其他业务发展，但这并不是长久之计。医疗人工智能、健康医疗大数据等新技术是未来医疗数字化转型的关键，如何实现市场化，提升企业盈利能力，需要企业不断进行探索与尝试。

三、医疗行业数字化转型的发展现状、需求和存在的问题

(一) 发展现状

1. 医疗机构间的数字化转型差距大

根据医院规模、科研方向、人才技术力量、医疗硬件设备等对医院资质进行评定，我国的医疗机构共划分为三级十等。目前，我国三级医院以及大多数的二级医院已经初步建成了自己的医疗信息系统，基础的计算机硬件和网络设备基本搭建完成，二级及以下医院还处于基本医疗信息系统的普及及建设期[一]。中国不同级别的医疗机构之间的信息化程度差距比较大，数字技术的应用水平也有较大差距。但随着电子病历分级评级标准的出台，在政策的推动下，各级的医疗机构都将逐步完善信息化建设，医院间的数字化转型的差距将不断缩小。

2. 政府主导的区域健康医疗中心建设缓慢

在国家卫生健康委牵头下，国有资本主导的三大健康医疗大数据集团正式成立，并制定了"1+7+X"的健康医疗大数据规划，后修订为"1+5+X"，即1个国家数据中心（北京）、5个区域数据中心（福建、江苏、山东、安徽和贵州为五大区域数据中心试点省份）、X个应用发展中心。从目前公开的资料来看，仅有山东省济南市以95.7%的达标率率先通过国家卫生健康委的专家团考核评估，成为全国首家通过评估的试点[二]。受各种因素影响，区域数据中心的建设较为缓慢，目前来看仍无法很好地支撑健康医疗大数据的应用。

3. 医疗数据安全与隐私保护意识逐步提高

医疗行业数字化转型的核心是对医疗数据价值的再创造，这给传统的医疗行业带来了较大的冲击，医疗数据安全与隐私保护成了其中的核心议题。医疗作为传统行业，用户数据隐私涉及伦理和法律法规的双重保护，无论是患者还是医护人员，由于对新技术不了解，都会产生不信任感，这为医疗行业的数字化转型带来了一定的阻碍。由于目前我国在法律层面对数据的隐私保护相对滞后，仅有零

[一] 《医疗信息化行业：医疗IT总投资占比超过60%》，网址为http://news.eeworld.com.cn/medical_electronics/article_201801178400.html，2018。

[二] 《格局已定！国家健康医疗大数据北方中心启动，五大集团明确分工》，网址为www.myzaker.com/article/5ae4334377ac646a965fa100。

星规定，尚未出台统一的隐私保护法律、法规，造成数据的归属权和使用权并不明确、数据共享缺乏管理、数据应用缺少准入和退出机制等问题，患者的个人权益容易受到侵害。为了更好地保护患者的数据与隐私的安全，加快推进医疗行业数字化转型，数据合规性将成为行业关注的重点。

4. 医疗信息化蓬勃发展，互联网医疗商业模式不清晰

中国每年在医疗 IT 方面投入巨大。据赛迪顾问网的统计，2018 年中国医疗 IT 应用市场规模达 607.2 亿元，同比增长 13.5%，而且预计未来三年也将保持 14.4% 以上的增长速度[1]。随着电子病历评级评价标准的正式实施，万亿的医疗信息化市场正待开启。与医疗信息化市场火热对应的则是互联网医疗的遇冷。虽然近年来互联网医疗的话题热度持续高涨，但无论是健康医疗大数据还是医疗人工智能，市场上都还没有出现较好的商业模式，而且受限于医疗数据的获取难度大、精确度低等原因，互联网医疗商业化之路仍需要继续探索。

（二）需求

1. 医疗需求：提高医疗机构的医疗效率

提升医疗服务质量，一直是医疗机构改革的重点。以患者为中心进行医疗服务规范化管理，提高医疗服务质量已经成为医院转变经济增长方式的主要手段和医院管理工作的大事。在以患者为中心的办医形势下，建立现代医院管理体制的同时，更要注重提升医疗服务质量和水平。因此，借助数字化转型的契机，医疗机构可以更快地实现优化服务流程、提升诊疗质量、创新服务模式、改善医患关系、丰富医疗服务内容等目标。

2. 管理需求：降低医疗机构管理成本

近年来，虽然在医疗 IT 方面持续投入了大量资金，但是医疗机构仍存在很多问题亟待解决，如信息化建设滞后、管理运营不成章法、医疗服务成本高、服务体系不完善等。从管理运营的角度来看，医疗机构急需一整套系统、科学、可落地的信息化解决方案，带动整个内部业务流程和外部供应管理体系的变革和完善。医疗机构要想更好、更快地发展，就需要科学、合理地降低医疗管理成本，兼顾

---

[1] 赛迪顾问，《2018～2019 年中国软件市场研究年度报告》，2019

经济和社会效益，这样才能够促进医疗机构的良好发展。但是，目前我国大多数医疗机构的成本管理工作不够科学、合理，致使此项管理工作的作用并未充分发挥出来。

3. 医改需求：医保控费、社会养老等现实问题引发转型

区域发展不平衡加剧了年轻人群向发达地区流动，减轻了发达地区的老龄化压力。与此相对的，是欠发达地区的医保、养老等问题严峻。随着中国老龄化问题的持续加剧，医改、医保、社会养老等现实问题成为政府急需解决的民生问题。自新医改实施以来，医保制度的建立为全体国民提供了保障，为社会经济发展提供稳定支持，这是改革过程中的基本原则。2018 年，我国正式组建国家医疗保障局，将城镇职工和城镇居民基本医疗保险和生育保险职责、新型农村合作医疗职责、药品和医疗服务价格管理职责、医疗救助职责整合在该部门下。借助数字技术，以国家医疗保障局成立为契机，真正落实了三医联动，未来将推动医保、医改、医药等各方面的提质增效。

4. 公卫需求：依法防控，健全公卫应急体系

今年抗击新型冠状病毒疫情的过程凸显了依法科学有序防控的重要性。这次抗击新冠肺炎疫情，是对国家治理体系和治理能力的一次大考。这场大考充分彰显了中国共产党领导和中国特色社会主义制度的显著优势，同时也暴露出我国公共卫生领域法治建设、应急管理方面的一些问题和不足。习近平总书记分别于 2 月 5 日主持召开中央全面依法治国委员会第三次会议、于 2 月 14 日主持召开中央全面深化改革委员会第十二次会议。在这两次会议上发表重要讲话，做出针对性部署，提出健全科学研究、疾病控制、临床治疗的有效协同机制，及时总结各地实践经验，形成制度化成果，完善突发重特大疫情防控规范和应急救治管理办法。鼓励运用大数据、人工智能、云计算等数字技术，在疫情监测分析、病毒溯源、防控救治、资源调配等方面更好地发挥支撑作用。

5. 科研需求：临床研究、药物研发等引发的转型需求

医疗已成为我国科技研究的重要领域之一[一]：技术的革新为解析细胞命运决定的机制带来了新的可能性；搭建全基因组数据计算云引擎，将标准化的 WGS 数

㊀ 《医疗科研前沿技术盘点：我国医疗大数据/自主权大突破》，网址为 https://www.ofweek.com/medical/2019-10/ART-11163-8140-30409980.html。

据分析流程转移到云端，大大降低了 WGS 数据分析、运算及使用门槛；治疗中 EBVDNA 分子标志物可用于实时评估患者对治疗的敏感性、动态预后风险预测，为指导临床医生进行治疗决策提供了重要依据，也为患者实时了解抗肿瘤治疗的反应性和失败风险提供经济、无创、便捷的液体活检手段；利用单细胞转录组学技术描绘了首个完整的脊索动物胚胎发育转录谱系，不仅为理解脊椎动物的进化提供新启示，也为探索细胞命运决定过程中的基因调控网络提供了关键数据和线索；2020 年初，国家多个超算中心及相关企业就应要求及时提供大量的高性能计算（HPC）资源，为医疗科研人员提供算力，协助进行靶点探寻、新药筛选、先导物及试验优化、药理毒理研究等工作，从而加快中国疾控中心及各科研单位研发新型冠状病毒疫苗的速度。这些前沿领域的背后，离不开数字技术的支持，在科研需求的带动下，医疗行业数字化转型将持续深入。

（三）存在的问题

1. 急需加快推进医疗数据的开放共享和应用

在医疗行业数字化转型的过程中，医疗数据处于核心地位，所有的转型与发展都是以数据的采集为前提的。健康医疗数据涉及医院、医药企业、健康管理机构、医疗信息化企业等多方主体，主管单位多，管理关系复杂。要实现健康医疗大数据的集聚，需要政府下定决心，明确专职领导负责机制，率先推动数据集聚工作。现阶段，很多地市在政策推动下逐步推进医疗数据的集聚，但对于数据的开放共享仍然处于探索阶段。而且，在政府拥有大量数据后，如何更好地应用这些数据，更大限度地发挥数据的价值，也需要持续摸索。

2. 数据标准、数据安全和隐私保护成为破题点

在法律、法规方面，国内暂时还没有出台针对医疗数据的专项法律性法规和配套政策。法制层面上对数据的隐私保护也相对滞后，仅有零星规定，尚未出台统一的隐私保护法律法规，也没有对侵犯隐私行为的惩罚机制。在标准方面，目前已经建立了一系列卫生信息标准，但是随着云计算、物联网、大数据等数字技术深度应用，现有标准已经无法满足需求，需要进一步完善和细化。在隐私保护方面，健康医疗领域的隐私保护是市场关注的焦点，而传统的安全防护手段无法跟上数据量的增长，数据安全防护容易暴露众多漏洞，进而造成网络攻击、数据

泄露等一系列问题。同时，个人健康数据又与社交网络、网络行为等直接相关，更容易造成隐私泄露问题。

3. 复合型人才培养难度大，医护人员数字素养亟待提高

在数字技术于深度应用于医疗领域的过程中，复合型人才不足已成为急需解决的问题。这里的复合型人才是指既懂医疗知识，又懂数字技术的从业人员。培养这类人才难度大，需要学科交叉培养。同时，部分医生 IT 技能较差，导致每天要花大量时间撰写电子病历，进而忽视了查房等基础工作的重要性，不能深切体会患者的实际感受，数字技术使医患关系的物化进一步加深，也存在产生医患矛盾的隐患。对于医疗 IT 设备供应商来说，医疗行业专业性过强，对行业理解透彻的 IT 技术型人才招聘难度大、培养难度大。

四、我国医疗行业数字化转型的主要方向和条件分析

（一）主要方向

1. 医疗卫生机构管理数字化

医疗卫生机构管理数字化主要是指医疗卫生机构因行政管理、业务流程管理等需求而进行的 IT 系统投入，包括医院在 IT 系统方面的投入（如搭建医院管理信息系统、电子病历、临床诊疗管理信息系统等），以及公共卫生领域对 IT 系统的投入（如区域医疗卫生管理信息系统、居民健康档案等）。目前在国务院、国家卫健委的各项政策推动下，电子健康档案（EHR）、电子病历（EMR）已成为国内 IT 投入的重点方向。

（1）医院管理信息化

医院管理信息系统（HIS）是以收费为中心，将门急诊的挂号、划价、收费、配药和住院病人的医嘱、配药、记账，以及医院的人、财、物等用计算机网络进行管理，并将从各信息点采集的信息供管理人员查询、管理和决策。目前，我国三级医院以及多数的二级医院已经初步建成自己的医疗信息系统，但很多细分系统的建设仍有所欠缺，如门急诊管理系统、住院管理系统、制剂管理系统、静脉配液管理系统、CRM 管理系统等，仍需要不断进行系统的更新与功能模块的丰富。

目前，HIS 的市场需求仍然较大，除了新建系统外，还有升级和迭代的需求。

（2）以电子病历为核心的临床医疗管理信息化

从狭义的角度讲，电子病历是指用电子设备（计算机、健康卡等）保存、管理、传输和重现的数字化的医疗记录。①2018 年 9 月，国家卫健委医政医管局发布《关于进一步推进以电子病历为核心的医疗机构信息化建设工作的通知》（简称《通知》），表明到 2019 年，辖区内所有三级医院要达到电子病历应用水平分级评价 3 级以上，即实现医院内不同部门间数据交换；到 2020 年，要达到分级评价 4 级以上，即医院内实现全院信息共享，并具备医疗决策支持功能。以上《通知》中所明确的电子病历的概念范围更加广泛。以目前我国对电子病历的评级要求来看，电子病历不只是一个应用系统，还包含全流程医疗数据闭环管理、高级医疗决策支持、医疗安全质量管控、区域医疗信息共享、健康信息整合、医疗安全质量持续提升的功能，并要求逐步与其他子系统实现互联互通。以电子病历为核心的医疗机构信息化建设是目前以及未来一段时间内政策持续推动的重点。

临床医疗管理信息化（CIS）是以电子病历系统为核心进行的医院信息化建设，CIS 建设是目前我国医院信息化建设的重点。CIS 的建设是以患者为中心、以医生诊疗为导向、以电子病历系统建设为核心，通过影像存档和传输系统（PACS）、放射信息系统（RIS）、检验信息系统（LIS）、病理信息系统（PIS）、手术信息系统（ORIS）等多种应用系统，整合患者临床诊疗数据，完成医疗数据电子化汇总、集成、共享。医护人员可以通过信息终端浏览诊疗路径、分析诊疗结果、发送医嘱等，最终实现医院诊疗信息与管理信息的全部集成，并可以在此基础上不断延伸出其他类型的信息系统。根据 CHIMA 的数据，CIS 中的核心系统，如 LIS、PACS、EMR 等在市场上有 20%～40% 的实施空间，远程医疗已实施部分仅占 17%，市场空间较大。②

（3）区域医疗卫生信息化

我国医疗资源配置严重失衡。每年患者就诊次数呈现上升趋势，但民营医院的就医人次占整体比重较小，绝大部分就诊压力是由公立医院承担的，尤其是三级医院常常人满为患，导致就医体验差、医疗资源浪费严重。为了缓解这一矛盾，近年来我国政府重点推进构建以分级诊疗为协作机制、以区域医疗卫生信息化建

---

① 《电子病历》，网址为 https://baike.baidu.com/item/ 电子病历 /353845?fr=aladdin。
② 银河证券，《计算机行业 4 月行业动态报告：等保 2.0 落地在即，利好网络安全市场》，2019

设为支撑手段、以医疗体建设为主要模式的区域医疗卫生服务体系。

分级诊疗是目前医改的主要推进方向，要求是在区域内实现医疗数据共享，提供基于电子病历共享一体化远程诊疗协同服务，这将加速区域卫生医疗信息化的建设。国务院于 2017 年 1 月 9 日印发了《"十三五"深化医药卫生体制改革规划》（简称《规划》），《规划》中提出了分级诊疗目标：到 2017 年，分级诊疗政策体系逐步完善，85% 以上的地市开展试点；到 2020 年，分级诊疗模式逐步形成，基本建立符合国情的分级诊疗制度。

区域医疗卫生信息化的建设目标是实现区域内医疗资源的整合、共享。区域医疗卫生服务系统（GMIS）是指通过运用信息和通信技术把社会医疗资源和服务连接起来，整合为一个系统，实现区域医疗卫生服务。该系统的主要作用是在区域内医院与医院、医院与各级卫生行政管理机关、医疗保险机构等间使信息互联互通，消除单个机构的信息孤岛现象，以实现资源的共享和优化，以及区域医疗卫生服务的管理[1]。

2019 年 5 月，国家卫健委、国家中医药局发布的《关于开展城市医疗联合体建设试点工作的通知》中提出：到 2019 年底，100 个试点城市全面启动城市医联体网格化布局与管理，每个试点城市至少建成一个有明显成效的医联体，初步形成以城市三级医院牵头，基层医疗机构为基础，康复、护理等其他医疗机构参与的医联体管理模式。2020 年，100 个试点城市形成医联体网格化布局，取得明显成效，区域医疗卫生服务能力明显增强，资源利用效率明显提升，医联体成为服务、责任、利益、管理共同体，形成有序的分级诊疗就医秩序。

我国的医联体主要是由同一个区域内的三级医院、二级医院、社区医院、村医院等基层医疗机构组成，通过对医联体内医疗资源的整合与协同，构建分级诊疗、双向转诊等诊疗模式，解决区域医疗资源配置不均衡的问题。经过多年推行后，医联体已经形成初步架构，截至 2017 年底，全国所有三级公立医院参与了医联体建设。我国的医联体主要模式包括城市医联体、医共体、跨区域的专科联盟以及远程医疗协作网。[2]在医联体的构建中，要形成医联体网格内远程医疗服务网

---

[1] 中商产业研究院，《医疗信息化行业发展现状分析及 2020 年发展趋势预测》，网址为 https://www.iyiou.com/p/36136.html。

[2] 中国产业信息网，《2019 年中国医疗信息化行业发展现状分析及未来发展空间预测》，网址为 http://www.chyxx.com/industry/201907/765829.html。

络，实现医疗机构的内部信息系统与医疗机构之间的信息系统的互联互通，并进行精准有效的病历数据传输、医患交流与沟通、远程医疗会诊等服务，这将带来非常庞大的信息化市场需求。

2. 健康医疗服务数字化

除了管理职能外，医疗行业的各类主体还需要提供健康医疗服务这一核心业务，在进行数字化转型时，催生了"互联网＋医疗"这一创新的服务模式。"互联网＋医疗"，即以医疗数据为核心，以大数据、云计算、人工智能等技术手段为依托，实现数字技术与医疗的深度融合。2018年4月，国务院颁布《关于促进"互联网＋医疗健康"发展的意见》，2018年9月，国家卫健委与中医药管理局颁布《互联网诊疗管理办法（试行）》《互联网医院管理办法（试行）》《远程医疗服务管理规范（试行）》，从整体对互联网医疗的发展进行定调，并且对互联网医疗的未来方向提出规划。随着更多政策的出台与推动，医疗行业创新发展模式不断涌现，将有越来越多的市场化落地模式出现。

在医疗服务领域，对医疗数据价值的深入挖掘才是未来开展"互联网＋医疗服务"应用的基础。医疗数据采集主要是依托医疗机构的各类信息系统，将管理数据、诊疗数据、病历数据、检查数据等进行汇总和分类管理，实现医疗机构内部数据的实时电子记录与互联互通。再利用国家行政力量，基于区域卫生信息系统和区域健康医疗云的搭建，通过区域健康医疗数据中心采集和存储医疗数据，实现区域内数据的标准化汇总和分析。基于对医疗数据的采集和分析，将物联网、5G、大数据、人工智能等数字技术深度应用于远程医疗、辅助诊疗、医疗影像识别等医疗场景。

2019年，国家开始实施5G商用，为"互联网＋医疗服务"的发展带来了更多的可能性。以远程B超检查为例，依靠现阶段的网络条件是没有办法实现B超的远程医疗服务的，但是在5G网络的加持下，远程B超检查成为可能，可以服务于越来越多的医疗卫生条件较差的地区。目前，已经有多地市开展了"5G+智慧医院"的建设，并取得了一定的成效。基于5G网络全面升级医疗机构信息化的功能和技术，优化医疗服务流程，进一步落实"互联网＋医疗服务"便民、惠民举措。

本书中讨论的健康服务是市场上基于互联网模式的企业向个人提供的服务，基于个人主动健康管理的内容不在本书的讨论范围内。目前，很多中小企业提供针对消费者市场的"互联网＋健康"服务，包含的服务内容很丰富，应用场景众多，并且很多企业都探索出了较为完善的盈利模式。例如，市场上有很多健身 App，通过"免费"吸引了大批活跃用户，再通过需要付费的高级课程和以电商模式销售各类食品、服饰等健身产品来实现盈利。但我们也要看到，这类针对消费者市场的商业模式为企业带来大量的用户健康数据、运动数据，未来如何在合规条件下深度挖掘数据价值、提升变现能力成为企业需要思考的重点。

3. 医保支付数字化

2019 年 8 月，国家医疗保障局发布《关于完善"互联网＋"医疗服务价格和医保支付政策的指导意见》。指导意见指出，设立"互联网＋"医疗服务价格项目，应同时符合以下基本条件：一是应属于卫生行业主管部门准许的以"互联网＋"方式开展、临床路径清晰、技术规范明确的服务；二是应面向患者提供直接服务；三是服务过程应以互联网等媒介远程完成；四是服务应可以实现线下相同项目的功能；五是服务应对诊断、治疗疾病具有实质性效果。指导意见还强调，线上服务应该比传统就医方式更有利于节约患者的整体费用。各级医保部门要根据"互联网＋"医疗服务的特点，合理确定总额控制指标，完善定点医疗机构服务协议，调整医保信息系统，优化结算流程，同时加强医疗服务监管，支持定点医疗机构依托"互联网＋"提供规范、便捷、优质、高效的医疗服务。对于定点医疗机构存在价格失信、欺诈骗保等行为的，纳入协议违约范围，按规定进行处理。

电子健康卡是国家一直推动实行的惠民措施，有利于解决医疗卫生机构"多卡并存、互不通用"的堵点问题。但是在 2019 年，国家医保局又推行了医保电子凭证，旨在为群众提供便捷、高效、安全的医保公共服务。实际上，无论是电子健康卡，还是医保电子凭证，由于分属不同的信息系统，二者无法实现信息共享，但对于群众看病就医来说，二者是缺一不可的。为此，要真正实现为民服务，国家医保局和国家卫健委应进行通力合作，尽早实现医保、医疗数据系统的互联互通。

随着网络覆盖范围的不断扩大以及移动互联网技术的不断发展，移动支付已经成为我国大众消费的主流支付方式。如果能够将移动支付应用于医院支付系统，可以给居民看病付费带来极大便利。目前，已经有地市创造性地实践了移动医保支付，通过构建移动终端网络平台，实现居民与金融服务、医保服务的无缝对接，改变传统的携带医保卡刷卡的单一支付服务模式。支持安全、便捷、多样的医保移动支付服务，解决了参保人就医缴费排队时间长的问题，缓解了医院门诊窗口压力，为参保人缴费提供高效、便捷的方式。

4. 医药管理数字化

医药管理数字化主要包括医药流通数字化、医药销售数字化和医药研发数字化。

医药流通数字化。我国医疗资源在基层和偏远地区的配置不足，很多非常见病的药品零储备，导致很多患者需要异地购药，甚至为了购药在医院重复挂号，浪费了大量的时间和金钱，也间接导致了医患关系紧张。因此，实现医药流通数字化，依托互联网打造医药电商平台，尤其是在处方药方面联动医疗机构给予支撑，将可以提高医药流通效率。一方面，通过实现医药流通数字化，可以提升患者购药的便利性和用药的依从性，同时，通过分析药品的复购数据，也便于医药企业进行经营分析；另一方面，借助数字技术，可以持续收集患者康复过程中的相关数据，尤其是用药数据，从而为公共卫生疾病预防和科研等领域提供有价值的参考数据。

医药销售数字化。当前，很多医药企业以市场需求为导向，依托互联网、大数据、云计算等数字技术，梳理企业、行业全方面的优势资源，将销售部、医学部、市场部整合为一个整体营销系统。在4+7带量采购药品政策持续推进的影响下，仿制药进入市场难度加大，市场向龙头企业快速集中，这给医药营销模式带来了挑战。其一，医药企业需要从传统的带金模式转型到学术化营销模式、从客情营销转向依托数字化建设的多渠道营销，通过学术方式传递产品与治疗领域的关键信息，通过大数据、人工智能分析医生诊疗行为，通过传递医学证据让医生规范用药、合理用药。同时，推行"4+7"政策的城市将是企业急需进行渠道深入拓展的区域，数字化营销转型将有利于医药企业搭建学术营销方式；其二，通过数字化医药营销，有利于针对不同治疗领域、不同类别品种的药品选择特定的营销模式，以及营销模式的再组，这对医药企业来说既是机遇也是挑战。处方外延是目前医药市场的热点话题，对于政府和医疗机构来说，允许药企从医疗机构系统接入部分数据有可能实现市场化盈利，而对于药企来说，接入这些数据对其分析医药销售会起到很大的作用。

医药研发数字化。随着"4+7"带量采购等政策的持续推进，国产仿制药盈利性受到极大影响。面对外资原研药竞争加剧、仿制药持续降价等不利环境下，国内药企急需转型。国家一直强调创新驱动,从"'十一五'重大新药创制"以来,国家投入了大量的研发经费支持新药创新。最近几年,国内在肿瘤、罕见病等领域的新药研发能力快速提升。在新药研发过程中,数字化有利于降低医药研发的成本、加速新药从研发到临床的进程,创新靶向药研发。

(二)条件分析

1. 医疗信息系统

从广义上来说,医疗信息系统是指所有与医学有关联的信息系统的统称,各类面向医院管理的信息系统都属于医疗信息系统的范畴;从狭义上来说,医疗信息系统仅涉及纯粹的医疗活动,是对相关的临床数据和知识进行综合管理和应用的信息系统。[一]

在电子病历系统应用水平分级评价标准出台后,未来以电子病历为核心的医院信息化建设是公立医院改革的重要内容之一,市场前景非常广阔。目前来看,HIS的需求仍然是最大的,尤其是二级以下医院,未来在HIS的建设方面有较大投入,同时,云化HIS越来越受中小医疗机构和私立医疗机构青睐,被纳入信息化建设中。随着恶性肿瘤发病率逐年上涨,基于肿瘤领域的电子健康档案(EHR)受到市场关注,一方面利用EHR中的数据进行数据分析,可以进行疾病预防、疾病识别、疾病治疗、药物研发等;另一方面,通过EHR,医疗机构可以有效地对肿瘤患者进行管理,帮助其进行康复治疗。

对于信息化程度较高的医院,在完成基础信息化建设后更多的是围绕临床开展各类应用系统的布局,如CIS、EMR、PACS等都是目前热门的医疗信息系统。在不断完善各类信息系统后,医疗机构需要开展临床数据中心(CDR)和信息集成平台方面的探索。在布局各个医疗信息系统后,医疗机构需要整合内部各类信息系统、组织机构间的临床信息资源,将它们统一转换为标准化信息后进行集中管理,再通过平台实现医院内部的信息共享,为将来提供管理决策支持、临床决策支持、科学研究支持、对外信息共享等打下基础,这将有利于挖掘医疗数据的价值,提高医院的运营效率。

近年来,在国家卫健委的主导和推动下,陆续推出《电子病历系统功能应用

[一] 段会龙、吕旭东,《医疗信息系统发展现状及趋势》,2004

水平分级评价》《医院信息互联互通标准化成熟度测评》《医院智慧服务分级评估标准》等评审、评测要求，促进二级及以上医疗机构的信息化建设，升级以电子病历为核心的信息化系统，建设互联互通的信息集成平台和临床数据中心，加固信息系统安全措施。

2. 医疗云

医疗云是云计算在医疗行业的应用，多是云厂商为医疗机构所搭建的医疗云平台。云平台一方面联通医疗机构的各类信息化系统，存储大量医疗数据；另一方面提供高效的计算资源，在云上开展大数据分析和人工智能应用。[一]最早提出发展医疗云业务的既有云服务商，也有传统医疗信息化企业，然而医疗云对两者来说都存在发展壁垒：传统医疗信息化企业在云基础设施支撑方面有所欠缺，而云服务商则无法独自实现与医院系统的对接。因此，通过云服务商与传统医疗信息化企业的合作可以弥补双方的短板，有利于减少各自的试错成本，进而快速进行医疗云市场布局。

目前在医疗领域，受数据安全和隐私保护观念影响，市场上的主要服务方式是以私有云为主，还有一些采取的是混合云，公有云服务较少，而上云的主要内容则是办公系统等非医疗核心的模块。采用云服务模式的医疗机构，通过基础设施创新，能够管理不同类型的应用和数据，实现运营、管理、服务交付等多方面的数字化转型，开辟远程医疗、远程监测等服务项目，进而改善医患互动效果，提高医疗服务效率，降低医疗服务成本。医疗机构投资医疗IT部署时，有更高的安全性需求，尤其是保护患者敏感数据的需求以及满足合规性的需求。由于要解决持续存在的数据安全和合规问题，还要尽量控制IT投资成本。医疗机构现阶段更倾向于使用混合云，但从未来市场发展来看，公有云将是市场的主流。

3. 健康医疗大数据

在大数据技术的应用下，传统的健康医疗正在以新的形态焕发生机，健康管理、基因测序、智能养老等全生命周期环节都有大数据技术的落地和应用，并发生着革命性的改变，健康医疗大数据已经成为国家重要的基础性战略资源。在《国家健康医疗大数据标准、安全和服务管理办法（试行）》中，国家明确了健康医疗大数据的定义，即健康医疗大数据是指在人们疾病防治、健康管理等过程中产生

[一] 赛迪顾问，《医疗云市场白皮书》，2019。

的与健康医疗相关的数据。健康医疗数据不同于其他行业数据，其他行业数据的存储周期一般是有固定年限的，而健康医疗数据是没有保存期限的，即使人逝世，他的医疗健康数据依旧有存在的价值，可用于遗传、传染病等领域的研究。因此健康医疗数据的数据量极大，需要由国家行政力量统筹进行存储、管理。

从国家层面来看，健康医疗大数据一直是政策关注的焦点，也是国家战略布局的重心。"1+5+X"战略布局至今，东西南北中五大医疗健康大数据区域中心已基本确定，分别位于江苏、贵州、福建、山东和安徽，五大国家健康医疗大数据区域中心建设正在相继推开。参与承建、运营大数据中心的三支国家队——中国健康医疗大数据产业发展集团公司、中国健康医疗大数据科技发展集团公司、中国健康医疗大数据股份有限公司，于2017年先后宣布筹建。但从目前的建设情况来看，健康医疗大数据中心的建设还需要融入更多市场机制，仅仅靠三家集团还不够，需要更多产业力量、学界力量的参与。

2018年，国家出台《医疗纠纷预防和处理条例》，其中第十六条的规定为向个人用户共享诊疗数据提供了法律依据。医疗数据的数据孤岛问题是制约健康医疗大数据发展的关键，为此，政府一直致力于在此方面有所突破，从区域性的数据中心建设，到各地出台的智慧城市、数字经济发展规划中的数字医疗、智慧医疗等内容，都在推进医疗数据实现互通互联。依托政府的力量，未来在打破医疗数据孤岛方面将有所突破。

国家卫健委于2018年7月12日印发《国家健康医疗大数据标准、安全和服务管理办法（试行）》（简称《管理办法（试行）》），旨在对健康医疗大数据服务管理，以及"互联网＋医疗健康"的发展等方面进行引导。《管理办法（试行）》明确了健康医疗大数据的定义、内涵和外延，并对标准、安全、服务管理三个方面进行了规范。但是也要看到，目前全国范围内尚未有健康医疗大数据确权、开放、流通、交易和产权保护等的统一法规，非医疗机构企业在探索数据的获取、整合及分析应用等方面，仍存在一些困惑。未来，数据安全与标准问题仍将是国家重点推进的方向，也是破除医疗数据孤岛的关键。

4. 医疗人工智能

随着健康医疗数据的不断汇集，在各个场景的应用成为真正发挥医疗数据价值的突破口。目前，医疗人工智能与云计算、AI芯片、大数据、深度学习、类脑智能等技术融合，理论上可以用于临床辅助决策、影像识别、病理辅助诊断、个人健康管理、基因测序、新药研发等各类医疗应用场景。但在实际应用过程中，受技术成熟度、政策和制度完善程度等多方面因素影响，我国医疗人工智能的应用场景大多侧重于病中辅助诊疗。在落地模式方面，我国医疗人工智能企业的商业模式尚不明晰，与医疗机构、医药企业、科研机构、商业医疗保险公司等合作较少、效率较低，模式不清晰，多数企业还没有实现盈利。相比之下，美国医疗人工智能在应用水平和落地模式方面更为成熟，如早期的 IBM Watson、被 Google 医疗合并的 DeepMind 等都已经在医疗人工智能领域进行了非常多的尝试与探索。

人工智能技术作为重要的医疗辅助工具，可通过较短的模型训练周期实现对大规模医疗数据的精准化筛选、核查，有效提升医疗机构的工作效率，快速补充医疗资源缺口。但实际上，由于医疗体系极其复杂，疾病种类和应用场景极多，给医疗人工智能的应用带来极大的挑战。现有医疗人工智能技术仅局限于单一病种的个别诊疗阶段，还无法实现对人体复杂系统的全面判断。而且，由于单一病种的数据量有限，导致多数人工智能辅助诊疗仍停留在实验阶段，未来推动医疗人工智能技术打通多科室、多病种将成为趋势。目前，由于医学影像识别的技术门槛相对较低，其在技术和市场化方面的表现比其他场景更为成熟。医学影像数据标准相对统一，数据获取、清洗、标注成本也较低，理论上可以为医疗人工智能产品的研发提供大规模、多维度、高质量的影像数据，因此很多大型互联网企业和中小科技公司都将这一领域作为进入医疗人工智能市场的首选。

利用虚拟（增强）现实、移动互联网、5G、云计算等基础数字设施和智能终端，将人工智能算法与医疗服务流程深度融合，实现多技术融合并应用于医疗领域是未来医疗人工智能发展的重点。与此同时，医疗人工智能的发展面临两大难点：一是医疗人工智能商业化进度较慢，虽然国内外企业纷纷布局人工智能，但全面产业化仍需时间；二是数据安全问题。医疗人工智能在应用上面临着数据开发、公网传输、用户终端存储过程中的信息泄露风险，医疗信息系统安全机制有待完善，跨境传输和存储将涉及国家的信息主导权及国家人口数据安全等多方面的信息安全问题。这些问题对医疗人工智能的发展提出了更高合规性要求。

五、我国医疗行业数字化转型的主要路径和典型案例

(一) 主要路径

1. 数据化

数据是指对客观事件进行记录并可以鉴别的符号，是对客观事物的性质、状态以及相互关系等进行记载的物理符号或这些物理符号的组合，它是可识别的、抽象的符号。[一]对于医疗领域来说，数据更像是对诊前、诊中、诊后全流程的行为进行电子化记录。

"数据化"是医疗行业数字化转型的基础，需要梳理医疗行业所有的流程涉及的环节和发生的行为活动，综合考量各类产品、服务、科研需求，确认医疗行业各类型数据的定义、采集范围和采集标准。国内在医疗数据的标准化方面已经开始一定的探索和研究，随着《国家健康医疗大数据标准、安全和服务管理办法（试行）》的出台，后续也会出台相应的细化的标准。

我国医疗信息化开展得较早，很多医院已经进行了基础信息化建设，但市场上的医疗信息系统软件同质化严重，仅重点记录关键医疗环节的数据，而医疗全流程的很多行为数据都被忽略了。这也导致虽然我国医疗数据量庞大，但是数据类型单一。以动态血压计为例，我国医疗机构无法提供临床上的"中心动脉血压数据"[二]，导致我国动态血压计研发滞后，市场被欧美日品牌占据[三]。

2. 信息化

信息与数据既有联系，又有区别。数据是信息的表现形式和载体，而信息是数据的内涵。信息加载于数据之上，是对数据进行加工处理之后所得到的并对决策产生影响的数据。

"信息化"是医疗行业数字化转型的流程，它规范了医疗数据采集、存储、分

[一] 百度百科，《数据》，网址为 https://baike.baidu.com/item/ 数据 /5947370?fr=aladdin。

[二] 中心动脉血压需要在开创性手术过程中采集，我国医疗机构在手术过程中通常把注意力集中于救治患者，既疏于采集手术过程中数据，也缺少开创性手术过程中的感染可控的数据采集科学手段。

[三] 《2019 中国大数据产业发展白皮书》深度解读之一，网址为 https://baijiahao.baidu.com/s?id=164451686313 6813940&wfr=spider&for=pc。

析的具体方法。目前，医疗信息化是医疗行业数字化转型的重点领域，如政府行业监管部门的政务信息化、医院信息化、区域医疗信息化等都是现阶段投入的重点。除了各类系统软件投入外，还有对有效健康医疗数据的提取、整合、分析和展示，以实现数据互通互联和可视化为核心诉求的硬件投入，如搭建各种医疗数据中心、医疗工作站、数据共享平台等所需要的硬件设备。

对于医疗机构来说，医疗信息化未来的核心目标仍是按照电子病历评级标准进行信息化建设，即"到 2020 年，所有三级医院要达到分级评价 4 级以上，二级医院要达到分级评价 3 级以上"。[⊖] 从市场产品、服务模式和成本效益来看，医疗云将是医疗信息化未来的重要方向。越来越多的中小医疗机构和私立医疗机构由于成本和效益问题，将考虑购买公有云服务，而大型医疗机构则会因为数据量大、数据安全等问题，更多地采取自建私有云或搭建混合云的方案。

3. 数字化

"数字化"是医疗行业数字化转型的重要手段，它明确了利用大数据、人工智能等新一代信息技术对医疗数据进行分析和应用的方法、思路和模式。对于医疗行业，数字化的目标是将人工智能、大数据、虚拟现实/增强现实、边缘计算等新一代信息技术应用在各种医疗场景中，并在数字技术赋能下提高医疗服务效率、降低医疗服务成本。2019 年 6 月，工信部发布 5G 牌照，中国 5G 的商用进程正式启动，这为医疗行业数字化的推进带来了重大利好消息。未来，医疗行业将从 5G 的 100% 的覆盖率中受益，发现和应用更多数字技术 + 医疗场景。医疗行业的数字化具体体现在以下方面。

基于医疗设备数据无线采集的医疗监测与护理类应用，如无线监护等。在远程监护领域，基于物联网技术打造的各类健康监测终端（如智能可穿戴设备、健康监测家用设备等）将通过 5G 网络，实现数据的实时更新。医护人员可以通过大数据和人工智能技术对数据进行及时监测，一旦发现异常就及时预警，实现对康复期间的病人的远程医疗监测和护理。同时，数字技术的应用极大地缓解了医疗资源紧张的问题，间接降低了医疗成本。

基于视频与图像交互的医疗诊断与指导类应用，如医疗影像识别等。医疗影

⊖ 《电子病历分级评价标准发布 2019 年所有三级医院要达 3 级以上，网址为 http://health.people.com.cn/n1/2018/1207/c14739-30450271.html。

像识别技术是近年来的市场热点，也是医疗人工智能技术应用的重点领域。近年来，在国际和国内的很多人工智能比赛中，医疗影像识别都成为热门考题，学校和商业研究团队在不同病种上取得了一定的成绩。例如，2019年的数创中国大赛中，福大（福州大学）-零氪科技凭借《肝胆脏器病灶识别》案例，在大数据方向的《大数据医疗——肝癌影像AI诊断》赛题中夺冠○。目前，我国医疗影像数据增长非常快，而相应的放射科医生、病理科医生等从业人员数量的增长无法满足诊疗需求。因此，通过人工智能技术辅助影像科医生进行诊断将有效满足市场需求。

基于视频与力反馈的远程操控类应用，如医疗机器人研发与应用等。智能机器人在医疗领域应用得非常广泛。在导诊领域，合肥市第一人民医院门诊大厅的晓曼医护机器人有效缓解了导诊护士的工作压力；在手术领域，天玑骨科手术机器人是全球首台创伤及脊柱骨科手术机器人，拥有世界先进水平。由于医疗行业具有服务范围广、场景多、要求精准度高、诊疗过程复杂等特点，远程操控类应用目前仅在个别领域有相关研发，未来若想在更多领域有创造性的成绩，则需要构建更灵活的产学研一体化技术创新体系。

4. 智能化

"智能化"是数字化转型的效果，是对行业数字化转型的一种愿景。在医疗领域，医疗行业智能化的概念不能仅局限于多种数字技术的融合应用，更应该辅以基因组学和生命科学等前沿领域，以医疗数据为核心，打通医疗全链环节，并以"全息数字人"为愿景，实现以人为本的智能化医疗。"全息数字人"的概念是由原国家卫计委副主任、中国卫生信息与健康医疗大数据学会会长金小桃先生提出的，是指以人民为中心，以健康医疗大数据为基础，以物理、全息技术与人工智能新兴技术为手段，以重大科技原始创新为动力，以所有采集到的个人信息可视化、智能化、自主化、个性化为目的，形成并发展为"人人需要，需要人人"的个人和集群专属数据。○

○ 《唤醒沉默的肝癌病例和数据，零氪科技在2019数字中国创新大赛中夺冠》，网址为 http://pc.nfapp.southcn.com/4934/2197361.html。

○ 金小桃，《健康医疗大数据》，2018

(二)典型案例

1. 医院混合云案例——上海华山医院

（1）用户背景

复旦大学附属华山医院创建于1907年，是国家卫健委委属医院，1992年首批通过国家三级甲等医院评审，也是全国首家通过JCI认证的部属公立医院。

（2）应用需求

该院除了主院区、分院区数据中心，还有部分公有云平台，资源分散、管理控制各自独立，形成"数据中心孤岛"，且私有数据中心和公有云平台的资源交付、付费模式等完全不同。医院需要统一的混合云管理平台机制实现跨信息资源的简单、高效的多云管理机制。

（3）解决方案

❑ Dell EMC VxRail 超融合方案

❑ Dell EMC 存储双活解决方案

❑ Dell EMC 混合云管理平台方案

（4）用户收益

❑ 实现了主院区、东院区以及西院区数据中心的两地三中心模式。

❑ 实现了各种资源交付流程的标准化、自动化和全生命周期管理，满足根据需求扩展IT资源的能力。

2. 数据中心平台和业务办理终端平台——华泰国际医院

（1）用户背景

华泰国际医院是广安市新建的一所大型三级甲等综合性医院，于2018年8月成立。

（2）应用需求

作为新建的大型三级甲等综合性医院，该院需要部署信息化支撑全院各项业务，以满足未来三年内问诊量60万人/次、年住院量4万人次、年手术量2万人次的业务目标。

（3）解决方案

❑ Dell EMC 数据中心

❑ Dell OptiPlex 商用台式机

❑ Dell Latitude 商用笔记本
❑ ProSupport

（4）用户收益

❑ 建设过程中以医院的实际需求为向导，加快了项目进度，节省了系统的建设成本。
❑ 在存储方面，帮助医院实现性能和容量的按需扩展，降低数据生命周期内的容量需求。
❑ 建立一套全面的灾难恢复计划，让平台总体可靠性达到99.999 9%的超高水平。
❑ 在安全保障方面，实现业务的在线迁移，服务不中断。

3. 区域健康医疗大数据平台——福州

（1）用户背景

福州，第一批国家健康医疗大数据应用发展试点城市。

（2）应用需求

实现区域健康医疗数据集聚，提供相关数据服务。

（3）解决方案

建设区域健康医疗大数据中心。

（4）用户收益

截至2018年，中电（福建）健康医疗大数据运营服务有限公司已完成福州市37家市、县级医疗机构健康医疗数据的汇聚和标准化入库工作，累计汇聚结构化存量数据8.5TB，数据总量达165亿条，具备了为合作伙伴提供数据服务的基础。[1]

中电数据联合PereDoc共同搭建福州市健康医疗大数据平台，通过人工智能技术与健康医疗大数据相结合，推出全球领先的CT影像筛查云服务，并成功应用于低剂量肺部CT体检、用户健康画像、跨医院智能随访等应用场景。[2]

---

[1] 《投资超30亿！福州打造健康医疗大数据产业生态圈》，网址为https://www.sohu.com/a/278967780_99918407。

[2] 《PereDoc战略对接中电数据："AI+"平台赋能医疗健康大数据》，网址为http://www.myzaker.com/article/5c04e77f77ac64076807b4e7/。

4."科技抗疫"解决方案——湖北省疾病预防控制中心

（1）用户背景

湖北省预防医学科学院湖北省疾病预防控制中心是经省编委和省卫生计生委（原省卫生厅）批准，于2002年正式组建的省卫生计生委直属的副厅级公益性事业单位。主要履行政府交付的全省疾病预防与控制、突发公共卫生事件应急处置、疫情报告及健康相关因素信息管理、健康危害因素监测与干预、健康教育与健康促进、实验室检测分析与评价、技术管理与应用研究指导等公共卫生服务职能，同时承担预防医学与公共卫生领域的应用性科学研究。

（2）应用需求

新型冠状病毒肺炎疫情暴发以来，湖北疾控中心24小时不间断地汇集全省疫情相关的各类信息，为及时、准确地对疫情防控作出判断，提供重要的大数据支撑，其IT系统长时间处于超负荷运转状态。

（3）解决方案

戴尔科技集团为湖北疾控中心定制了整体数字化解决方案，其核心架构采用业界领先的超融合系统和VMware软件定义解决方案。同时，为一线流调人员配备部分加固型移动笔记本终端，支持在恶劣的环境下采集数据，并可以及时清洗消毒。

（4）用户收益

该方案进一步提升和强化了疾控中心超融合平台的资源和能力。方案中新增了数据保护设计，为重要的数据资产提供强大、快速的数据备份和安全保障。方案中配置了云原生软件平台，支持疾控中心未来各种应用的快速敏捷开发，提升业务灵活部署能力。

六、我国医疗行业数字化转型的主要影响和阶段评估

（一）主要影响

1. 医疗IT复合型人才培养体系逐步完善

不断进步的数字医疗技术推动着行业数字化转型，也对人才建设提出了更高的要求，医疗+IT的复合型人才培养需要建立完善的教育和培养体系。在教育体系建设方面：第一，医学信息学专业的课程体系将逐步完善，会逐渐增加数据挖掘

和数据分析等方面的课程内容，培养学生的数据分析能力；第二，近年来新增设的智能医学专业因其对数字医学技术培养更加全面，开设该专业的高校将更多，专业发展前景好；第三，对于其他传统医疗专业的人才培养来说，培育专业学生数字素养的重要性将不断提升，更多的IT应用技能培训课程将成为学习重点。

2. 医疗行业数据治理体系逐步完善

医疗一直是受强监管的行业。随着数字技术的深入应用，对医疗数据的安全与隐私保护将不断加强，医疗行业数据治理体系将逐步完善。医疗行业数据治理将从组织架构、管理制度、操作规范、IT应用技术、绩效考核支持等多个维度对医疗数据架构、医疗数据质量、医疗数据安全、医疗数据生命周期等各方面进行全面梳理、建设以及持续改进，包括组织架构管理、数据标准管理、元数据管理、数据质量管理、数据资产管理和数据安全管理等方面的体系建设。医疗数据治理体系的建设应由政府作为主导，行业相关主体共同参与、共同推进。

3. 更多的企业将参与临床应用阶段

医疗卫生体系十分复杂，单纯应用数字医疗技术并不能直接实现行业的数字化转型，很多新技术的应用都面临很高的风险，需要充足的证据验证其安全性和有效性。目前虽然市场上出现了许多新的数字医疗技术，但很多是宣传大于实用，其临床效果并没有得到很好的验证，企业也缺乏对临床应用的洞察力。因此，未来数字技术与临床应用的匹配将成为行业数字化转型的关键，政府、医疗机构和企业将关注新技术在临床应用方面的有效性和安全性的评估与实践。

（二）阶段评估

医疗行业数字化转型可以分为四个阶段：起步阶段、发展阶段、提速阶段和成熟阶段。

1. 起步阶段

- 技术方面：医疗数字化投入以局部数字化改造为重点，如挂号子系统的数字化改造；基于单点环节的数字化优化流程，可以带来成本效益的提升。
- 管理方面：医疗机构具备基于数字化技术改进用户体验的愿景；医疗机构开展数字化转型的战略规划；具备一定的信息化基础来实现供应链业务关系；实现医疗机构内部供应商管理、比价采购、合同管理。

- 社会方面：医疗行业有数字化人才需求；各医疗机构初步具备以数字化转型带动可持续发展的理念。
- 制度方面：各医疗卫生机构形成数字化基础设施建设的理念与愿景。

2. 发展阶段

- 技术方面：数字化投入实现医院跨部门的纵向集成，消除医院内部信息孤岛；通过数字化实现医院信息集成化；实现内部资源优化配置。
- 管理方面：医疗机构数字化战略进入实施阶段，并建立明确的数字化资金管理制度；实现医疗机构各种信息系统集成。
- 社会方面：医疗机构数字化人才需求强劲，供不应求；领域内数字化人才鸿沟凸显；数字化管理仍由信息部门负责；行业内部分机构形成以数字化转型为途径的可持续发展战略规划。
- 制度方面：以5G、云计算单点推进的形式开展医疗数字化基础设施建设和传统基础设施数字化转型，开始建立医疗数字化基础设施对大健康领域发展的支撑；国家出台医疗数字化转型相关发展设计，但制度上还无法完全满足社会对医疗数字化转型的发展需求。

3. 提速阶段

- 技术方面：数字化投入实现医疗机构间横向集成，以及跨机构、跨领域的数据和信息协同；实现医疗健康产业链上下游资源优化配置；形成基于数据、平台化的大健康产业生态。
- 管理方面：以数字化的服务模式来提升医疗机构的价值创造，行业规则被数字化技术大幅改变，医疗数字化业务收入占比较大；数字化战略成为医疗机构和相关企业发展的核心，推动组织发生变革，使组织结构得到优化。
- 社会方面：数字化人才需求基本得到满足；医疗机构人员掌握了数字化的必备基础知识，具备一定技能水平；医疗相关企业设置CDO岗位；保证数据存储、传输的安全性，行业尚未形成数据标准化采集，数据隐私尚未得到有效保护。
- 制度方面：医疗行业形成数字化产业互联网平台和数字化基础设施网络，实现对领域数据的实时采集、存储、分析；出台数字化转型发展规划，形成对医疗数字化发展的前瞻性指导。

4. 成熟阶段

- 技术方面：医疗数字化投入实现物理层、数字层、平台层、应用层的数字化构架，实现数字世界和物理世界的完整映射，具备数据价值创造、知识发现的技术能力；基于数据闭环，实现医疗知识自动化，行业业态、商业模式加速迭代。
- 管理方面：数据成为医疗机构和相关企业的核心竞争力，用户需求成为价值创造的驱动力，创造出新的业务模式、变现模式，提高经济效益；数字化战略为医疗机构创造了更高的经济效益，创新管理战略为组织带来了新的业务机会，产生了新的商业模式；医疗机构和企业基于数据形成智能决策能力。
- 社会方面：医疗机构数字化主管或企业 CDO 具有实际运营管理权限，对机构数字化战略规划具有较大影响力；对行业内、外人才均有较强的吸引力；组织内员工全面掌握专业的数字化技能，形成快速迭代能力；医疗机构和相关企业为员工提供持续的数字技能培训；形成医疗数据中心，以专用通信通道保障数据安全，对医疗数据出台规范化管理标准，以及具有法律效力的数据隐私、数据安全保护条例，形成医疗行业数据采集、存储、交易、使用的国家规范。
- 制度方面：形成完整的医疗数字化国家战略和配套制度。

效益评估参考总报告的指标体系。

七、推进我国医疗行业数字化转型的指导政策

（一）坚持正确的改革方向，推进医疗数字化治理体系和治理能力的现代化

党的十九届四中全会指出，应"强化提高人民健康水平的制度保障"。医疗数字化领域必须紧紧围绕这个重大目标，开展全面、深入、系统的改革，构建以提高人民健康水平为中心的现代化治理体系和结构。

重点从三个方向发力：第一，建立坚持关注生命全周期、健康全过程的医疗数字化治理体系；第二，建立推动完善国民健康政策的医疗数字化治理体系；第三，

建立促进广大人民群众享有公平可及、系统连续的健康服务的医疗数字化治理体系。"三个建立"既是医疗数字化的发展方向，又是检验医疗数字化工作成败的唯一标准。

（二）加强制度顶层设计，建立完善的医疗数据安全和隐私保护的保障体系

数据安全和隐私保护是信息社会和大数据时代涌现出的重大共性社会问题。因此，仅从行业领域的视角出发，难以从根本上解决医疗数据安全和隐私保护的痼疾，必须加强制度顶层设计。

重点应从三个层次入手。第一，尽快制定《数据安全和隐私保护法》，为通用的数据安全和隐私保护提供基础的法律依据。该法应包含适用范围、隐私数据定义、问责机制、数据主体的权利（知情权、访问权、更正权、可携权、删除权、限制处理权、反对权和自动化个人决策相关权利）、数据处理者、数据泄露和通知等关键内容条款。第二，对照"三个建立"的标准，进一步完善《国家健康医疗大数据标准、安全和服务管理办法（试行）》等行业现有法规，加速医疗数据管理的相关立法规划和制定工作。第三，积极推动制定医疗数字化领域的各项标准，构建范围全面（基础标准、通用标准、管理标准、方法标准、产品标准、服务标准）、层次完整（国际标准、国家标准、行业标准、地方标准、团体标准）的医疗数字化现代标准体系。

（三）加快行业创新体系建设，实现医疗数字化领域的健康可持续发展

创新是一个民族进步的灵魂，是一个国家兴旺发达的不竭动力。医疗数字化是迅速成长的新兴行业，因创新而生，随创新而壮，唯创新而强。必须千方百计鼓励、推动该行业创新，才能实现医疗数字化领域的健康可持续发展。

重点可从四个方面推进。第一，建设多方协调联动的医疗数字化组织创新体系。由卫健部门牵头，建立政府部门、医疗机构、数字化赋能企业等相关主体共同参与的医疗数字化转型工作委员会或行业协会，统筹规划行业创新发展的重要激励政策。第二，建立以数字化企业和医疗机构为主体的医疗数字化技术创新体系。激励和引导数字化企业联合相关医疗机构，成为数字化研发投入的主体、技术创新活动的主体和创新成果应用的主体。调整国家科技计划实施机制，加大国

家科技计划对医疗数字化技术创新的支持；探索实施"医疗数字化技术创新引导工程"，支持企业建立和完善各类研发机构；完善符合市场经济特点的医疗数字化技术转移体系；创造医疗数字化企业公平竞争的制度环境等。第三，建设医疗数字化科研与教育结合的知识创新体系。以医疗行业数字化转型需求为导向，进一步推动医学科研院所、高等学校和数字化科技企业在科技创新和人才培养方面的合作，促进资源共享，提高原始创新能力和科技成果转化能力。第四，建设医疗数字化商业模式创新体系。设立医疗数字化创新基金，激励医疗数字化领先企业的管理制度和商业模式创新，带动全行业发展；组织"医疗数字化商业创新大赛"，遴选、推广行业创新先进经验，选拔储备创新管理人才。

（四）培养专业型与复合型人才，破解医疗行业数字化转型中的人才短缺局面

人才是行业发展的关键和重中之重，对于行业壁垒和门槛较高的医疗行业来讲，专业型与复合型人才对于数字化转型的作用尤为重要。培养既掌握数字化技术，又有医疗行业背景的复合型人才，是破解医疗行业数字化转型人才短缺之局的核心和关键。

可重点从如下三个方面进行谋划和实施。第一，为未来医疗行业数字化转型和快速发展提前进行人才布局，以培育既具备数字化思维和能力，又熟悉医疗行业或者医疗设备制造业、医药制造业工艺及流程的跨界人才为导向，选择一批国内医科或者具有数字化优势的重点高校，开展数字化技术相关专业的教学实践试点工作，布局面向应用的人才培育体系。第二，开展医疗行业、医疗设备和医药制造业数字化转型的专业培训，提高医疗行业的医护、管理人员以及医疗设备制造业、医药制造企业生产运作管理人员对数字化转型的认识和理解，提高医疗行业人员对信息化应用的数字化流程与关键环节的理解和应用能力，提升相关人员在细分垂直领域深度应用新型信息技术的能力。第三，重点培育专业的数字化赋能企业，鼓励具有医疗行业数字化经验的赋能企业快速发展，为医疗行业进行快速、高效的数字化转型提供技术支持。以高校、医院、赋能企业三方深度联合培养为手段，多措并举，打造面向医疗行业数字化转型的人才聚集地，共同为培养适应医疗行业数字化转型的复合型人才，从而加快医疗行业数字化转型，为提升国民健康、构建大健康医疗体系提供强有力的人才支撑。

附录 A
数字化转型对经济增长贡献测算模型

随着产业和企业层面数字化转型的不断深化,以新一代信息技术应用为抓手的数字化进程为国家经济增长注入了新动力,创造了新价值。

为了衡量数字化投入对我国经济增长的贡献。本书以 ICT 资本存量为切入点,基于经济增长核算模型,采用柯布—道格拉斯生产函数定量研究了 ICT 资本存量对我国经济增长的贡献作用。

传统柯布—道格拉斯生产函数的形式如式(A-1):

$$Y = AK^{\alpha}L^{\beta} \tag{A-1}$$

其中,Y 是国内生产总值;K 是资本量;L 是社会总劳动量;A 是全要素生产率;α 是资本的产出弹性;β 是劳动力弹性。在斯克斯中性条件下,$\alpha+\beta=1$,即规模报酬不变。

在数字化转型过程中,资本的使用被分为两个部分,即对于 ICT 的投入和非 ICT 的投入,其中 ICT 的投入是指企业为满足数字化转型而做出的硬件设施、软件系统、网络架构的投入和升级,从而有效提高数字化水平。同时,研究表明,在数字化转型过程中,高技能劳动力匹配 ICT 应用带来生产方式和组织结构的变革,而长期雇员则提升了企业对 ICT 应用导致的生产柔性和分工深化的适应能力,强化 ICT 生产率效应;前者表现为劳动力质量,以劳动力受教育程度表征,后者表现为劳动力数量。故本书将传统资本区分为 ICT 资本与非 ICT 资本,并将劳动力区分为劳动力数量与劳动力质量,式(A-1)转化为

$$Y = AK_{\text{ICT}}^{\alpha_1} K_{\text{NICT}}^{\alpha_2} L_{\text{QN}}^{\beta_1} L_{\text{QL}}^{\beta_2} \qquad (\text{A-2})$$

其中，K_{ICT} 为 ICT 资本存量，K_{NICT} 为非 ICT 资本存量，L_{QN} 为劳动力数量，L_{QL} 为劳动力质量；$\alpha_1, \alpha_2, \beta_1, \beta_2$ 分别为各要素的弹性。对式（A-2）两边同时取对数并差分，得到：

$$d\ln Y = d\ln A + \alpha_1 d\ln K_{\text{ICT}} + \alpha_2 d\ln K_{\text{NICT}} + \beta_1 d\ln L_{\text{QN}} + \beta_2 d\ln L_{\text{QL}} \qquad (\text{A-3})$$

对式（A-3）做进一步变化，可以得到在剥离数字化转型对经济增长贡献基础上的全要素生产率增长的方程，即

$$d\ln A = d\ln Y - \alpha_1 d\ln K_{\text{ICT}} - \alpha_2 d\ln K_{\text{NICT}} - \beta_1 d\ln L_{\text{QN}} - \beta_2 d\ln L_{\text{QL}} \qquad (\text{A-4})$$

即全要素生产率增长率由经济增长率、ICT 资本存量增长率、非 ICT 资本存量增长率、劳动力数量增长率、劳动力质量增长率的关系求得。同时，若将式（A-3）以人均的指标进行表示，则可得到劳动生产率的方程，即

$$d\ln y = d\ln a + \alpha_1 d\ln k_{\text{ICT}} + \alpha_2 d\ln k_{\text{NICT}} + \beta_2 d\ln l_{\text{QL}} \qquad (\text{A-5})$$

其中，y 为劳动生产率，k_{ICT} 为人均 ICT 资本存量，k_{NICT} 为人均非 ICT 资本存量，l_{QL} 为人均劳动力质量（即人均受教育水平）。

根据式（A-2），在斯克斯中性条件下，有 $\alpha_1 + \alpha_2 + \beta_1 + \beta_2 = 1$，即规模报酬不变。可以将式（A-2）变化为式（A-6）：

$$Y = AK_{\text{ICT}}^{\alpha_1} K_{\text{NICT}}^{\alpha_2} L_{\text{QN}}^{\beta_1} L_{\text{QL}}^{1-\alpha_1-\alpha_2-\beta_1} \qquad (\text{A-6})$$

基于美国大型企业研究会对我国 2001～2018 年资本存量和劳动力相关数据的统计，结合本书构建的计量模型分别对式（A-1）、式（A-6）展开参数估计。

为进一步分析数字化转型对我国全要素生产率的贡献，研究进一步构建了对 TFP 增长的影响因素分解模型。相关研究表明，TFP 增长的决定因素主要包括以下几个方面，即研发投入、外商直接投资、劳动力质量（人力资本）、经济开放度。本书在此基础上进一步引入 ICT 资本存量和非 ICT 资本存量。因此得到式（A-7）：

$$\text{TFP} = \zeta K_{\text{ICT}}^{\alpha^*} K_{\text{NICT}}^{\beta^*} \text{RD}^{\gamma^*} \text{FDI}^{\lambda^*} H^{\upsilon^*} O^{\kappa^*} \qquad (\text{A-7})$$

其中，α^*、β^* 分别为 ICT 资本存量、非 ICT 资本存量对 TFP 的弹性，γ^* 为研发投入对 TFP 的弹性，λ^* 为外商直接投资对 TFP 的弹性，υ^* 为人力资本对 TFP 的弹性，κ^* 为经济开放度对 TFP 的弹性，ζ 为模型未考虑的其他要素影响产生的残差部分。同时，研发投入、外商直接投资和经济开放度分别以研发占 GDP 比重、外商直接投资占 GDP 比重、贸易占 GDP 比重与 ICT 资本的交叉项表示。

基于 2001～2008 年的数据，对式（A-7）进行计量估算发现，在显著性水平为 5% 的前提下，人力资本和经济开放度对 TFP 的贡献不能通过检验，而其余要素对我国 TFP 的影响均通过检验。故将人力资本和经济开放度指标从式（A-7）予以剔除，并对方程两边取对数和差分，得到：

$$d\ln \text{TFP} = \alpha^* d\ln K_{\text{ICT}} + \beta^* d\ln K_{\text{NICT}} + \gamma^* d\ln \text{RD} + \lambda^* d\ln \text{FDI} + d\ln \zeta \quad \text{(A-8)}$$

即 2001～2018 年间，我国全要素生产率的影响因素主要有 ICT 资本存量、非 ICT 资本存量、研发投入、外商直接投资。

附录 B
主要名词注解

- 数字经济：数字经济是指以使用数字化的知识和信息作为关键生产要素，以现代信息网络作为重要载体，以信息通信技术的有效使用作为效率提升和经济结构优化的重要推动力的一系列经济活动。
- 产业数字化：产业数字化是指国民经济中的传统产业实施的数字化转型活动。具体指利用新一代信息技术，通过构建数据的采集、传输、存储、处理和反馈的闭环，打通不同层级与不同行业间的数据壁垒，促进供给侧提质增效，创造新产业、新业态、新商业模式，不断满足需求侧改善体验的新需求的一种数字化转型活动。
- ICT：（Information and Communications Technology，信息与通信技术）是一个涵盖性术语，覆盖了所有通信设备或应用软件，比如收音机、电视、移动电话、计算机、网络硬件和软件、卫星系统，等等，以及与之相关的各种服务和应用软件，例如视频会议和远程教学。此术语常常用在某个特定领域里，例如教育领域的信息通信技术，健康保健领域的信息通信技术，图书馆里的信息通信技术等。
- ICT 资本存量：指以 ICT 形式存在的资本量。ICT 资本存量受到资本折旧率、每年新增的 ICT 投资量的影响，这是一个存量概念。
- 数字化转型贡献率：与科技贡献率类似，指相关的经济活动中，数字经济通过 ICT 资本以及对全要素生产率的提升对 GDP 的贡献率。它与数字经济的规模是两个完全不同的概念。

推荐阅读

数字化转型之路

作者:新华三大学 编著 ISBN:978-7-111-62175-1 定价:79.00元

  本书将从对数字时代的挑战与机遇入手,逐步论述数字化的技术驱动力、数字经济中需求侧与供给侧的转变,进而阐述融合了云计算、大数据、物联网、人工智能等技术的工业互联网体系及其如何促进实体经济的转型。作为一个重要的内容,本书也将阐述数字化转型的能力构建,综合论述敏捷、DevOps等IT管理方法论在组织中的落地。本书的定位是结合理论思考与企业实践分析,汇集业界思考与创新实践来助力企业管理者思考和规划数字化转型战略。